Investment

Investment

GO! GO!
小資向錢衝！

施昇輝————著

樂活大叔的投資問答室，
6步驟穩穩賺，賺久久！

昇輝
2023
02
11

目錄
CONTENTS

致富習慣
請問樂活大叔：
「為什麼我不該外帶咖啡？」

⑤ 面對股災

請問樂活大叔：
「大跌大漲，該如何挺過
波瀾萬丈的市場？」

6 好好樂活
請問樂活大叔：
「存到第 1 桶金後，
怎麼做最聰明？」

我們面對金錢的正確態度

坊間幾乎所有投資理財的書都在教你如何靠買賣股票來賺錢，然後讓讀者有了「可以提早財富自由」的想像，甚至認為未來個人的財富，一定是來自於股票投資。

這本書雖然很多篇章還是和股票投資有關，但我更想與讀者分享的是「面對金錢的正確態度」，而且該在人生不同階段，讓錢用不同的形式來呈現。

有些小資族非常保守，不敢進行股票投資，因為深怕省吃儉用存下來的錢有可能會賠光。在這個薪資不漲，物價飛漲，定存利率永遠追不上通貨膨脹率的時代，這樣做只會讓你未來注定成為「下流老人」。

有些小資族正好相反，非常積極，就算錢不多，也要趕緊進入股市，期待未來還有「航海王」與「鋼鐵人」的出現，甚至想用當沖來賺無本的利潤。這種人最危險，做了幾

次投機交易後，可能又回到兩手空空的階段，未來還是有可能成為「下流老人」。

小資族面對金錢的第一個重要態度是，你花出去的錢到底是「資產」，還是「支出」？有些無謂的花費（如書中所提到的「外帶咖啡」），就是讓你平白失去了投資的機會。但是，你節省了支出，有把這筆錢有效運用在投資上嗎？報酬率至少要打敗通貨膨脹率。如果只是拿去銀行存定存，這就不是我所謂的「有效運用在投資上」。

有些支出不得不花，我稱之為「需要」，但你有必要買最好、最貴的嗎？我稱後者為「想要」。如果你在花費之前，都想清楚是「需要」，還是「想要」，你就一定能存下很多錢。

誰說拿來投資的錢，都是靠「省下來」的呢？也可以靠「找錢」喔！你有沒有想過把家裡很多無用的東西變成錢呢？你的無用東西，或許是別人的有用東西，如書中有寫到，我曾將 5 件領口、袖口都泛黃的白襯衫成功賣掉。

在工作之餘，不要只想追劇，或是花時間排隊去吃美食，應該把這些時間拿來增加業外收入。想想看自己的專長

或興趣，有沒有可能轉換成錢？換一個現在最夯的說法：你有沒有能力開拓一些斜槓收入？這也是另一種「找錢」的方法。

存到了，或是找到了這些錢，你就不該讓它還是「錢」的模樣，該把它變成「股票」，才是有效的運用。

誰說買股票，就一定要賣股票？

或許你身邊有很多在股市賠了很多錢的親友，他們甚至再三告誡你不可以碰股票。他們為什麼會賠錢？因為他們都想靠一買一賣來賺價差，因為他們都心存僥倖，希望迅速致富。

只要你不想「賺價差」，只想「領股息」，也就是只買不賣，是不是就變得很簡單？誰說「買股票」，一定要「賣股票」呢？

因為你買的都是「幾十年每年都有穩定配息，而且公司大到不會倒」的股票，當然就不是「心存僥倖」了。

或許你仍有疑慮，股價如果跌了，真的可以不賣就不賠

嗎？如果你買的股票符合前述的條件，真的可以不賣，但前提是你沒有賣股變現的急迫性。

如果你沒有工作，就要被迫賣股票才能生活下去。這時候，當然有可能賠錢。

如果你沒有留下足夠的生活緊急預備金，卻臨時需要一筆較龐大的資金，而薪水恐怕無法負擔，也必須被迫賣股票。這時候，當然有可能賠錢。

如果你還是用借錢來買股票，還款的壓力也讓你必須被迫賣股票。這時候，當然有可能賠錢。

有穩定的工作收入、有準備生活緊急預備金，然後不要借錢買股票，就能對抗股價的波動。這也是我所謂的「面對金錢的正確態度」。

就算你在 2021 年投資股票異常順利，也希望你沒有把工作辭掉，因為到了 2022 年台股一路下跌，你就會後悔了。

有穩定的工作收入，加上穩健的投資獲利，之後你該再把「錢」從「股票」的形式，換成更保值的標的來持有，也就是該去買「保險」和「房地產」。

天有不測風雲，人有旦夕禍福，買保險可以讓你免於突

然生重病和出意外的恐懼。買自有的房子，就是讓你免於老後租不到房子的風險。

我和很多投資達人最大的差異，在於他們認為用他們的方法去買股票，才會賺更多。但是，請捫心自問，8、9成的投資人都賠錢，你為什麼認為自己一定會賺錢？我的道理非常簡單，因為「股票」是「想像」的，「房子」是「確定」的。

我很喜歡把人生比喻成一片森林。其他投資達人的那棵「股票」樹或許非常粗壯，但他們其他的樹可能都幾乎要枯萎了，這是你要的人生嗎？我希望幫你打造一座每一棵樹都欣欣向榮的美好森林，裡面有「工作」、有「生活緊急預備金」、有「可以一直領股息的股票」、有「保險」、還有「房子」。

我在40年前，也是小資族、也是投資小白，甚至在20年前被迫離開職場。現在，養大了3個小孩，我和太太合計擁有4間房子。

平凡如我，都做得到，你一定也可以。

樂活大叔的投資養成之路

　　2020 年初，新冠肺炎（COVID-19）重挫股市，最低跌到 8,513 點，然後就旱地拔蔥，在 2022 年 1 月，一度來到 18,619 點，短短不到 2 年，大漲超過 10,000 點，造就了非常多的少年股神，紛紛成立粉絲專頁，甚至成為網紅。

　　以往股神的故事，總是要從他們賠到破產講起，然後因為擁有獨門投資技巧，才能從谷底翻身，成為媒體歌頌的對象。不過，如今的少年股神都是橫空出世，不必再訴諸之前的悲情。

　　很多媒體經常問我，年輕時我就是投資高手嗎？我總是笑笑回答他們，當時哪懂什麼投資啊？其實就是一路走來誤打誤撞。現在，就讓我用這篇文章來告訴各位，我的投資過程跟大多數人一樣，都是從投資小白、懵懂莽撞開始的。

我從來都不是「少年股神」

還沒踏入股市之前，我至少做對了一件事，那就是省吃儉用、努力存錢。

我領到的第一份薪水，是服預備軍官役時的月薪 4,800 元。當時住在軍隊、吃在軍隊，所以每月強迫自己先存下 4,000 元。一年半下來，就存了快 10 萬元。

退伍後的第一份薪水，是在某雜誌社擔任廣告承攬的工作，月薪 13,000 元。雖然薪水不高，但只要努力，就有業績獎金可以入袋。當時也是住在家裡，吃在家裡，也能存下一些錢。

後來我離開出版社，到一家大企業上班，月薪 27,000 元。當時很多同事都在買股票，我也在 1986 年開始了我的股票投資生涯，當時台股指數剛剛突破 1,000 點。我第一次買的股票是當時股價最便宜的「中紡」（代號 1408，現已下市）。我拿出積蓄 20 萬元，買了 10 張，但整整套牢 3 個月才解套。這次的教訓告訴我：絕對不要買落後補漲股。

我買的第二檔股票是「南亞」，用 65 元的價格買了 3

張。買完之後，台股每天開盤不久，幾乎所有的股票都漲停板。每天看著股票一路上漲，突然發現：原來人生是可以不勞而獲的。當時根本無心上班，總是找各種藉口，外出去證券商營業廳看盤。其他同事也一樣，所以人事單位只好派人到營業廳抓人，我們才稍稍收斂。

當年沒有網路，如果不能去營業廳，只好在辦公室戴耳機聽收音機報股票行情。好在當時只有不到 200 檔股票，但聽完一輪股票行情，也花了快半小時。

不久，市場傳出當時的蔣經國總統身體欠安，大家開始擔心，如果他不能出席國慶大典，行情就會受到很大的影響。我不想處在焦慮中，就決定用 103 元賣掉南亞，賺了超過 11 萬元，等於 4 個月的薪水，真的是非常開心。後來股市在不確定性中開始回檔，我很慶幸做了正確的決定。

因為買南亞賺到了可觀的獲利，從此買賣股票成了我的日常，甚至在 1988 年進了證券公司上班。1988 年 9 月 24 日，因為即將放 4 天的中秋連假，我為了不想擔心變盤，決定把所有股票賣掉，落袋為安。當時股市看來即將大漲，這個賣出的舉動還被同事嘲笑。沒想到當天中午，時任財政部

長的郭婉容宣布開徵證所稅，引起市場一片譁然。收假之後，台股進入連續 19 天的無量下跌，每天一開盤，所有股票通通跌停板。我全身而退，成為同事間的偶像。這就是現在常提到「中秋變盤」的由來。

後來，人稱「四大天王」的股市主力，在交易所總經理趙孝風的邀宴中，決定聯手拉抬股市，才迎來了一路漲到 1990 年最高點 12,682 點的股市黃金歲月。

1989 年，投資股票成了全民運動。營業廳萬頭鑽動，要從人群中擠到營業員面前遞交委託書，行情可能都跳動了好幾檔。我在證券公司的月薪只有 23,000 元，但因為公司非常賺錢，加上每個月的獎金，我在當年領了將近 100 個月的薪水。

不只薪水豐厚，買賣股票也從沒賠過。當年投資報酬率若沒超過 50%，肯定被人嘲笑。誰知道 1990 年初，市場謠傳當時最大的投資公司「鴻源」即將倒閉，台股開始狂瀉，最後謠言成真，台股就一路下殺到 2,485 點，一年就跌了超過 10,000 點，真的是哀鴻遍野，無人能夠倖免。不過，我又逃過了一劫。

我不是股神，根本不知台股會崩盤。我只是拿在股市賺到的錢和存款，去買了我人生的第一間房子。

跌跌撞撞，才發現投資可以很簡單

1990 年大崩盤，我能全身而退，倖免於難，是因為去買了房子。之後的幾年，我為了繳房貸，根本沒有錢再拿去買股票，同時股市低迷，在證券公司上班也只能領微薄的底薪，再也沒有豐厚的獎金可領。更慘的是，想要離職換工作都很難，因為其他產業認為證券從業人員都是投機分子，根本不會錄用我們。

為了繳房貸，還有養育 3 名子女，必須增加收入，所以一方面從證券公司企畫部請調需要更多專業知識，薪資也比較高的承銷部之外，另方面也在家兼差翻譯工作，終於在 5 年內還清了房貸。

當年貸款利息超過 10%，當然要想方設法提早還清房貸。如今房貸利率不到 2%，而金融股每年都有 5% 的股息殖利率，具備現成的套利空間，所以當然不必急著還，甚至

借越久、賺越多。

　　房貸還完之後，太太決定創業，我還把房子拿去抵押借款，來充實太太的營運資金。一年後，最大的客戶倒閉，所幸並未賠掉原有的積蓄。太太回去上班，台股也因為電子股大漲而重現榮景。

　　因為調到承銷部工作，知道許多上市上櫃公司的營運狀況，加上同事間經常分享明牌，所以又開始積極買賣股票，也確實賺到了一些錢。同時，股市進入大多頭，證券公司的員工又有許多獎金可領，我也被高薪挖角了好幾次，所以家庭經濟狀況有了明顯的改善。

　　2000 年左右，網路開始蓬勃發展，很多網站只要能「吸睛」，就能「吸金」。投資人對網路前景高度看好，對於公司能否賺錢根本毫不在意，最後股市終因泡沫破滅，又從高檔大幅重挫。我這次無法像 1990 年一樣逃過一劫，甚至把前幾年賺到的錢都吐了回去。幸好我和太太都還在上班，不至於因為投資失利而嚴重影響生活。在此，也要奉勸年輕人，千萬不要以為靠股市投資就能生活無憂，請切記「工作是主餐，投資是附餐」。

2003 年又遇上 SARS，股票投資再度失利。結果屋漏偏逢連夜雨，我在 2003 年被迫離職，成了中年失業男，也只好在家靠投資股票維持家庭生計。所有股神的身分都是「專職投資人」，但我完全是不得已才成為這種人。

2004 年碰上阿扁「2 顆子彈」事件，我再次在股市摔了大觔斗。每個重大利空都是突如其來，根本沒人能躲得掉。

當時 3 個子女都在國高中念書，其中一個還念私立學校音樂班，經濟壓力真的很大，決定開始鋌而走險。因為期貨只是猜大盤的漲跌，看來比選股容易多了，而且都是保證金交易，更有「以小搏大」的槓桿效果，所以我真的以為可以靠期貨迅速累積財富。

我玩的是「選擇權」，而且專做賣方，待結算後，就能把權利金悉數入袋。當時台股一路大漲，我也一路賣「賣權」，著實過了好幾個月「不勞而獲」的好時光。豈料 2007 年 7 月，美國爆發「次貸風暴」，台股受牽連而重挫，我 2 天內賠了 7 位數，財富瞬間大幅縮水。我自此發誓，再也不碰期貨、選擇權和權證。

「次貸風暴」事後來看，就是 2008 年更大的「金融海

嘯」的前兆。雷曼兄弟破產，掀起金融滔天大浪，我也只能在驚濤駭浪中載浮載沉。滿手賠錢的股票讓我夜不安枕，甚至連午覺都很難入睡。某日輾轉反側之際，頓悟自己根本沒有打敗大盤的能力，若虧損幅度與大盤跌幅一樣，已屬萬幸，而且應該至少能夠睡得著覺。

想通之後，隔日盤中就將所有股票不計虧損，全數賣出，然後換成幾乎完全複製大盤走勢的「元大台灣50」（0050），自此終於發現投資原來可以如此簡單、安心賺到錢，也從此翻轉我的人生。

2012 年底，我把操作 0050 的經驗，寫成我的第一本書《只買一支股，勝過 18%》。意外暢銷之後，開啟了我寫作、演講的另一個人生階段。當年 ETF 寥寥數檔，在我不斷分享下，如今不只有數百檔上市，也已成投資顯學。

我在 26 歲初入股市時，心中並不自覺有任何策略。開始操作 0050 之後，才終於確定了我那套非常簡單的投資紀律，也才能將此分享給讀者與聽眾，希望幫助大家不用再走我當初的那些冤枉路與坎坷路。

從 0 學起

請問樂活大叔：
「投資到底是什麼？」

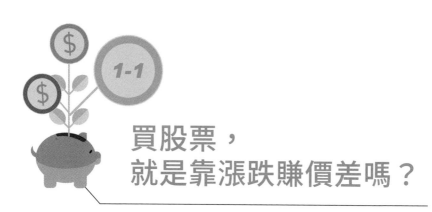

買股票，
就是靠漲跌賺價差嗎？

　　我曾受邀去向一群國三畢業生演講「投資理財」，對我是一個很大的挑戰。開始不久，我問同學：「股票是什麼？」有人回答我：「它會漲，也會跌。」我認為他只是一知半解。如果你是投資小白，你會怎麼回答？

　　後來，我用了一個淺顯的例子來解釋「股票是什麼」。從這個例子，讓我們回到股票最初的模樣，以及了解到它現在又變成了什麼模樣？最後，大家就應該會了解買股票的正確做法。

　　我和 A、B、C、D 這 4 個同學，一人拿 10 萬元出來開早餐店，共 50 萬元，怕口說無憑，就各自保有一張出資的證明，這就是「股票」。

1 年後，早餐店賺了 100 萬元，所以每個人按五分之一的比例，各分到 20 萬元，這就是「配息」。

　　投資一項事業，其實原始的目的只是想賺錢分紅，這就是股票最初的模樣。

　　這時，E 同學看很好賺，願意用 10 萬元跟我買一半的「股權」，這就是「釋股」。這時，我當初出的 10 萬元已通通拿回來了，以後還能繼續分獲利的十分之一。

　　E 同學的投資報酬率當然沒有原始出資的 A、B、C、D 同學高，但他至少不必在早餐店成立初期，承擔經營能否成功的風險，這就是在股市買進股票的有利之處。

　　第二年，又賺了 100 萬元，A、B、C、D 這 4 位同學仍可以分到 20 萬元，我和 E 同學則分到 10 萬元。

　　另一位 F 同學也心動了，願意用 15 萬元買走 E 同學的股份，E 同學就賺了 5 萬元，這就是「賺價差」。

　　這家早餐店之所以賺錢，是請了一個很會做料理的師傅，後來他自行去創業，從此業績一落千丈。F 同學只好用 10 萬元賣掉他的股份，賠了 5 萬元，這就是「停損」。

　　為什麼當初 E 同學想把股份賣光、獲利出場？因為他知

道師傅可能要自立門戶開店的「內線消息」。在股市賺錢的人，都是利用「資訊不對稱」的優勢。你在股市買賣，有內線嗎？如果沒有內線，怎麼能期望自己賺到錢？

F 同學就是沒有內線，才會跟 E 同學買股份，結果早餐店喪失了競爭優勢，也就是企業裡最重要的員工離職了。很多股票之所以持續下跌，就是公司經營已經不再能和同業競爭了，只剩下削價競爭，結果當然會嚴重影響到獲利，甚至最後由盈轉虧。

▍選市不選股，慢領股息，穩健長久

買股票，一定要買進入門檻很高的企業，才有機會賺到錢。早餐店進入門檻很低，所以到處都有，這就不可能會是一個賺大錢的「獨家生意」。台積電為什麼能一直深受外資投資機構的青睞？就是因為它的技術水平遙遙領先同業，樹立了一個同業很難超越的進入門檻。

什麼公司有很高的進入門檻？什麼公司已經失去競爭力？這些都不是一般投資人能夠評估的，所以我才一直建議

大家「不要再選股」，而是去買「選市不選股」的「指數型基金」（ETF），就不用花精神去研究個股的基本面了。

如果認為股票是一個「會漲也會跌」的投資工具，就忽略了它也是一個「每年有可能會領到股息」的投資工具。

股票不是「零和遊戲」，並不會因為有人賺錢，其他人就一定會賠錢。例如我和原先一起創業的 A、B、C、D 同學，我們每年領股息，但沒有別人因此而賠錢啊！股票有人買、有人賣，才有可能有人賺、有人賠。

如果買「幾十年都能穩定配息，大到不可能倒閉下市」的股票，長期下來其實是穩賺不賠的，只是有人嫌太慢了。很多人都以為透過買賣股票賺價差，可以快速累積財富，早日達成財富自由，但究竟有幾個人能做到呢？因此千萬別高估自己的能力。領股息雖然很慢，但很穩，而很穩才真的能長長久久。

不知道如何選股？我建議的解決之道，還是去買 ETF，但請一定要買每年都有配息，而且規模夠大，不會被強制下市的 ETF。

「個人」理財和
「工作」理財不同

　　我不僅跟一群國三畢業生演講「投資理財」，也曾到不同的科技大學，向商管科系的學生演講。前者的挑戰是：國三生可能完全沒有投資理財的基本概念；後者的挑戰則是：要顛覆大學生在課堂上所學到的投資理財的重要觀念。

　　我近幾年的演講都是以「無腦理財」或「佛系理財」為主題，但這些商管科系的學生當然應該要「有腦」學習，怎麼可以「無腦」呢？如果他們認同我的做法，從此不再認真上課，我豈不得罪了邀請我去演講的教授？

　　幾年前，曾聽到一個廣播節目上，有一個財經系教授痛斥我的「無腦理財」是妖言惑眾。他說，如果無腦就能賺錢，大學財經系都乾脆關門算了。不過我想問的是，念了財

經系，投資就一定能賺錢嗎？顯然也不一定吧！

▍個人理財保守至上，工作理財追求績效

　　為了怕同學聽完我的演講，開始懷疑在學校所學的知識，所以我在一開始，就跟大家說：「我今天分享的無腦理財，是用在『個人』理財上，你們在學校該認真學習的，是以後在『工作』上要用到的理財，請大家千萬不要混淆。」

　　然後，我接著說：「個人理財追求的是保守和安全，但工作理財如果太保守的話，就很難表現出績效。」換句話說，如果這些學生以後是在證券公司自營部，或在投信公司任職基金經理人，當然不能只買和大盤完全連動的 ETF，而必須用學校所學，來慎選個股，以求打敗大盤，才有可能在工作上有所表現。這時，當然要在學校好好學習財務分析和技術分析，否則如何能應用在工作上？

　　其中一次是該校「投資學」的老師邀我去課堂上演講。我早到了幾分鐘，在課堂外聽到老師正在教「技術分析」中的均線理論，希望同學能看懂技術線型。我聽了有點尷尬，

因為待會兒我會跟同學說「元大高股息」（0056）隨時都可買，根本不必懂技術分析，這不就打臉教授了嗎？

買 0056 領股息，是適合用在個人理財，但不適合用在工作上，因為公司主管不會只以投資領股息為滿足，一定會希望員工必須為公司賺到價差，以追求報酬率的極大化。

在工作上為公司買的股票，其實個人是不能同步買進，也不能賣出的，否則就有違反相關法令的疑慮，這也是「個人理財」和「工作理財」必須劃分清楚的重要理由。

除了股票之外，個人在「買」保險和「賣」保險上，也該用不同的理念。個人買保險，我主張不該買和投資連結的商品，但如果同學未來要擔任壽險顧問，當然要了解各式各樣的品項，其中當然也該包括所有和投資連結的保險商品，所以必須在求學期間，好好學習所有和保險相關的知識。

個人理財別碰期貨，工作理財務必學習

對於期貨，我一向是希望大家在投資理財上「千萬別碰」，但我鼓勵同學一定要好好學習期貨、選擇權、權證，

以及其他所有的衍生性商品，因為這樣就有機會進期貨公司上班，屆時就能得到較高的薪資。換句話說，**期貨的學習，以後該用在「工作理財」上，而不是用在「個人理財」上。同樣的道理也適用在其他理財工具的學習上，包括外匯、黃金、債券，以及房地產上。**

有一個同學在 Q & A 的時間問我：「如果我在工作理財上，績效很好，為什麼不能同時用在個人理財上？」我回答他：「首先，你不能保證你的積極、有腦的操作永遠都對；再來，工作理財萬一虧損，是虧到公司的錢，公司的資金狀況絕對優於個人，也就是風險承受能力高於個人，但個人理財如果虧錢，就是虧到自己的錢了。」

我常用的 Power Point 簡報檔，總是以「不要再認真學習，但不放棄賺錢的夢想」做首頁，但在這兩家科技大學演講時，我拿掉了，因為實在不適合用這 2 句話做開場，不然教授和學生可能當場都很難接受。「個人」理財當然無須認真學習，但學生為了以後「工作」，怎麼可以不認真呢？

買股票不要用加法，
要用減法！

　　小資男女好不容易省吃儉用，存了一點錢之後，絕對不該把它放在銀行定存，因為定存利率太低，甚至輸給通貨膨脹率，所以一定要做一些投資，而「股票」應該是大家最熟悉、但也最怕受到傷害的投資工具了。

　　談到股票，大家很直覺就會想到「選股」和「賺價差」這兩件事，因為只要選到股價未來會漲的股票，屆時把它賣了，就能賺到價差了。為了達到此目的，很多人就會去學習如何看懂上市（櫃）公司的財務報表、學習評估公司與它所屬產業未來的成長潛力，再加上學習各種技術分析。如果學不來，或懶得學，大家就會到處去打聽明牌，有些是親朋好友介紹，有些是投資專家推薦。不管怎麼做，就是希望能從

1,700 檔股票中，選到幾檔「自以為」會漲的股票。以上這種做法，我稱之為「加法投資」，但我認為這種思維正是造成絕大多數人在股市賠錢的主因。

投資不難，用刪去法找到好股票

在股市獲利，絕對不是只有「賺價差」這個做法，如果你只是買來「領股息」，其實是相對容易賺錢的。舉例來說，你好不容易存了 3 萬元，放在銀行定存一年領不到 400 元利息，恐怕連吃客義大利麵都不夠！如果你拿 3 萬元去買股票想賺價差，就一定賺得到嗎？如果你很不幸，居然買到後來會下市的股票，你的 3 萬元肯定就會灰飛煙滅了。如果你拿這 3 萬元去買一檔長期以來都有穩定配息的股票，至少確定賺得到錢，而且現在台股中要找到 5% 股息殖利率的股票，其實並不難找，也就是說它一年可以為你賺 1,500 元的股息，比銀行定存利息多 3 至 4 倍耶！如果一家長期都有配股息的公司，未來會下市的機會當然就非常小了。

我認為買股票，一定要買「幾十年」都有穩定配息，而

且絕對「不可能下市」的股票，因此我認為該用「刪去法」來選股，也就是我所謂的「減法投資」。要能同時符合我提出的這 2 項條件，應該可以直接刪掉至少 1,500 檔股票了，選股就相對容易了，不是嗎？

怎麼評估「會不會下市？」也不難。只要是各產業的龍頭股，也就是大家耳熟能詳的大公司，應該就不太可能會下市。雖然任何一家公司都有倒閉的可能，但這些大公司萬一倒閉了，台灣大概也凶多吉少了。這樣再篩一輪，可能減到只剩 100 家了。

有些公司知名度很高、也是產業龍頭，但它不是每一年都能配息，例如面板龍頭的友達（2409）或是手機龍頭的宏達電（2498），這種股票也不該買。再刪掉這些股票，大概剩 50 家了。

這些剩下來的公司，「用膝蓋想」就能想到如：台積電（2330）、中華電（2412）、台塑四寶，還有一些金融股等等，所以還需要去學看財務報表，或學技術分析嗎？用「減法投資」相對容易、安心，不是嗎？

如果你只存了 3 萬元，當然買不起股價太高的股票，是

不是又可以刪掉很多股票了？

　　這時，你的選擇越來越少，其實該開心，而不應該覺得沮喪。看來只剩金融股了！這也就是為什麼，坊間很多教大家存股的書都聚焦在金融股了。金融股都受到國家法令的嚴格監管，而且大部分獲利都很穩定，當然也都大到不能倒，所以確實是值得考慮的存股標的。

　　不過，就算這50家左右的公司都符合我的選股條件，但任何公司都有可能出現突發的利空，而造成股價大幅度的波動，所以才有那句投資名言：「不要把所有的雞蛋放在同一個籃子裡。」也就是說，**你必須買好幾檔不同產業的股票，來達到風險分散的目標。**

　　但是，你只有3萬元，只能買一檔，那該怎麼辦？這時唯一的解決方案就是買ETF，例如0050或0056。

　　你若想買0050，只能買零股；你若想買0056，則足夠買一張。因為它們本身就是投資組合，具備分散風險的功能，而且每年都有穩定的配息。目前類似0050或0056的ETF有很多，大家可以自行去研究、挑選。

　　買ETF，就是體現「減法投資」理念最合適的方法。

小資男女，
你們沒有投機的本錢

　　德國投機大師柯斯托蘭尼（André Kostolany）曾說過一段經典名言：「有錢的人可以投機，錢少的人不可以投機，沒錢的人一定要投機。」

　　我發現時下很多小資男女都期望能夠早日財富自由，也都認定自己是「沒錢的人」，再加上許多金融商品用「以小搏大」為訴求，就開始從事風險很高的投機行為，這是非常危險的，因為小資族根本沒有投機的本錢！

　　2020 年有個很勁爆的投機故事：一位年輕人用 0.025 美元買了 10 口小輕原油期貨，一夜慘賠 550 萬元。他以為他的風險就只有 0.025 美元，絕對是一個本輕利重的超划算交易，沒想到期貨價格居然出現負值，而且收盤價更是誇張

的 -37.63 美元。新冠肺炎疫情當時在全球蔓延，導致石油需求大幅下降，也造成油價崩跌，但期貨價格轉負，還是令人匪夷所思。這當然是極端的個案，但這位小資男女的一生，恐怕就此再也無法翻身。

投機，當然伴隨高風險，有可能大賺，也可能大賠。大家雖然都懂這個道理，但總是高估了自己的能力和運氣，而低估了風險可能帶來的災難。

期貨就是一翻兩瞪眼

屬於投機性的金融商品，諸如期貨、選擇權、權證，有 2 個最主要的特點：一是糖衣，二是毒藥。

「糖衣」是什麼？就是它們都只要付出少許的保證金或權利金，只要你對未來大盤或個股的漲跌判斷正確，你的報酬率都有機會翻倍，怎不吸引人？假設你是一位只有 1 萬元的年輕人，在震盪激烈的行情中，只要你判斷正確，你的 1 萬元很有可能變成 2 萬元，然後你下次又判斷正確，2 萬元就變成 4 萬元，依此類推，只要你連續對 10 次，你的財富

就變成 1,024 萬元。但是，重點是你要「一直判斷正確」，你真的以為自己可以這麼厲害？

　　萬一你第一次就錯，賠了 50%，1 萬元變成了 5,000元，第二次又錯，還是賠 50%，這時就會只剩下 2,500 元。你辛辛苦苦、省吃儉用存下來的一點點錢，很可能就這樣從你指尖溜走了。

　　「糖衣」讓你以為有甜頭可以嘗，但也有可能成為難以下嚥的苦頭。

　　「毒藥」又是什麼？就是這些投機性的金融商品都有結算日或到期日。假設大盤或個股的「長期」走勢是一路上漲，但總有「短期」下跌的時候。結算日或到期日的規定，就讓你對「短期」走勢的判斷完全不能出錯。有的時候，在還沒到結算日之前，因為行情震盪劇烈，你的保證金已經不足，而且不能及時補足時，期貨公司是有權直接給你斷頭，讓你立刻產生虧損。

　　這是它們和股票最大的不同。股票可以「長期」持有，就算套牢，只要公司不倒閉，永遠都存在解套的機會，如果每年還有股息可領，至少能視為長期投資。**這些投機性的**

金融商品根本不讓你「長期」持有，而且絕對沒有股息可領，你對漲跌判斷正確與否，真的就如賭博一樣「一翻兩瞪眼」。

只想賺價差，也是一種投機

難道買股票就不是投機行為嗎？那也不盡然。如果你只想賺價差，根本不在乎這家公司的經營體質，這也是另一種「投機」，只是自以為是「投資」行為。

絕大部分買股票的人都只想賺價差，因為有可能一天賺10%，如果當天從跌停板拉到漲停板，還有可能賺20%呢！但是，如果這家公司連年虧損，就算短期有漲，但長期必然會反應基本面，甚至最終還有可能下市。這種股票萬一套牢，可能再也沒有解套的一天了。如果這不是投機，什麼才是投機？

買ETF總該不是投機行為了吧？這也不一定。所有衍生性的ETF，也就是名稱中有「正2」或「反1」的ETF，其實也是期貨的一種，只是它們沒有到期日罷了！因為它們

都有可能因為大幅波動而導致淨值嚴重縮水，最終必須依規定下市。

除了淨值太低外，ETF 如果因為成交量太少，導致資產規模太小時，也是會下市的，大家當然不可不慎。

小資男女薪水不高、存錢不易，投資真的要格外謹慎，請一定要買「幾十年來都有穩定配息，而且公司規模大到不可能倒閉下市」的股票。情願慢慢累積，也不要冒險躁進，才不會讓你離「財富自由」的目標越來越遠。

「別碰投機性的金融商品（期貨、選擇權、
權證）！」

● 它們是糖衣：
  只要付出少許保證金或權利金。
  對大盤或個股的漲跌判斷正確，報酬率有
  機會翻好幾倍。

● 它們是毒藥：
  都有結算日或到期日。
  保證金不足且不能及時補足，期貨公司有
  權直接斷頭，立刻產生虧損。

有工作，
才能對抗投資的風險

2021 年台股從 14,732 點，一路幾乎不回頭地漲到年底的 18,218 點，短短一年大漲了 3,486 點，換算漲幅是 23.7%。只要有投入股市，應該都是非常豐收的一年。媒體上更是出現非常多年紀輕輕就財富自由的投資達人。這些人被稱為「航海王」或「鋼鐵人」，但其實都不過是「倖存者」，只是因為他們在對的時機，買到了對的股票。

媒體對這些人的描述，經常都是他們過著輕鬆悠哉的生活，而他們自己的臉書粉絲專頁也都有意無意地在嘲笑仍在辛苦工作的網友。近年最夯的 FIRE（提早財富自由，Financial Independence, Retire Early）一詞，更成為許多年輕人最響往的目標，而投資則是唯一的捷徑。

很多人受到他們成功故事的鼓勵，自己的投資也有所斬獲，或許就妄想此生靠股票投資便能衣食無缺。如果真的就把工作辭了，恐怕 2022 年就要美夢幻滅了。

2022 年 1 月，台股雖一度衝高到 18,619 點，較前一年又續漲了 2.2%。當大家期待 20,000 點即將來臨時，卻開始一路溜滑梯，到了 7 月 1 日，更直接來到 14,343 點，比 2020 年底收盤 14,732 點還低，意謂這一年半來都是白忙一場，絕大多數的人甚至都是由盈轉虧，而且虧損幅度遠大於指數的跌幅。到了 10 月 25 日，來到當時最低點 12,629 點。

如果你沒有工作，沒有固定收入，這時股票應該早就開始侵蝕了你原有的積蓄。

在大多頭行情中，大家都被獲利沖昏了頭，很少人有資金控管的警覺性，甚至很多投資達人還鼓勵大家借錢來投資。

如果你既沒有工作，又背負貸款，面對 2022 年跌跌不休的行情，當然會焦慮到無法正常生活，恐怕連睡覺都不安穩。

大家應該都知道投資一定要用「閒錢」，但小資男女本

來資金就不多，哪來的閒錢啊？我認為只要你每個月有固定薪水會入帳，且足夠生活開銷，就算把剩下的錢都拿去買 0050、0056 這類 ETF，其實也無不可。

工作是主餐，投資是附餐

投資最怕影響正常生活，但既然一來你有固定薪水可以支應生活所需，二來 0050、0056 是比絕大多數個股還要安全的投資，至少不必為套牢而傷神。我說 0050、0056「安全」，並不是說它們「穩賺」喔！只是它們已經做到風險完全分散、至少每年都有股息，而且絕不可能下市。

最怕的是你心存僥倖，拿出一部分的薪水去買個股，想短期內賺到價差，萬一事與願違，連日常生活都將成為問題。即使台積電被稱為「護國神山」時，你都不該挪薪水，或借錢去買。後來，台積電從最高價 688 元跌到 2022 年 10 月 26 日的 370 元，我們這才發現，神山也是會發生土石流。

如果你沒有工作，希望靠投資支應生活所需，你一定會為了必須賺到每個月的生活費，而積極從事短線交易來「賺

價差」。如果你甚至妄想靠投資來迅速致富，那就一定更會非常投機，心中只有「獲利」的期待，而欠缺對「風險」的警覺。

如果你有工作，你會比較願意做長期投資，先想至少每年能「領股息」，如果還有機會「賺價差」，當然就更好了。

「薪水」能保障你的生活，投資則像「獎金」，是額外的收入，就像我常說的「工作是主餐，投資是附餐」。

去吃義式料理時，我們都會點一份主餐，不是義大利麵，就是燉飯，然後加點附餐，例如湯品、沙拉、飲料、甜點。你能不點主餐，只點附餐嗎？「主餐」讓你能吃飽，就像「工作」讓你有確定的收入；「附餐」讓你滿意升級，就像「投資」讓你多賺一點，可以提升生活品質。

工作是用「時間」來賺錢，投資則是用「金錢」來賺錢。雖說時間一去不復返，而錢再賺就有，但你花掉的時間並沒有實際的損失，而金錢一旦因投資失利，就會產生實際的損失。

很多人在投資虧損之後，常用「錢再賺就有」來安慰或

鼓勵自己。以為只要努力精進投資技巧，就一定會有獲利的
一天。我認為這句話沒有錯，但應該是透過「工作」再賺就
有，而不是靠「投資」，這樣會讓你有急於獲利的心態，反
而將自己置於更大的風險中。

　　投資當然有風險，而穩定的工作則是對抗它的第一道防
線。如果連第一道防線都沒有，那很容易就會兵敗如山倒
了。

致富習慣

請問樂活大叔：
「爲什麼我不該外帶咖啡？」

你可能只有 25 年
來準備退休

　　狄更斯（Charles Dickens）在他所寫的世界名著《雙城記》（*A Tale of Two Cities*）開場，是這樣說的：「這是一個最好的時代，也是一個最壞的時代。」用在現代年輕人的身上，同樣恰當。

　　「最好的時代」指的是醫療保健發達，人類未來平均壽命上看百歲指日可待；「最壞的時代」指的是薪資不漲、物價飛漲，而且工作機會可能越來越少。

　　面對最好的時代，年輕人有足夠的時間累積財富，讓漫長的人生不致焦慮；面對最壞的時代，則一定要透過投資理財，來因應收入的不確定性。

　　不過，很多年輕人面對最好的時代，卻抱著「輕忽」的

態度，想說時間還多得很，不急著開始；面對最壞的時代，則抱著「放棄」的態度，想說生活費這麼高，怎麼存得到錢來投資？乾脆追求當下的小確幸就好。

時間真的很多嗎？現代年輕人多半 25 歲才開始進入職場賺錢，但 AI 人工智慧發達，或許到了 50 歲就失去了工作，但在活到 100 歲之前，卻還有 50 年必須在沒有固定收入的情形下度過。從 25 歲到 50 歲，只有 25 年可以累積未來從 50 歲到 100 歲的 50 年所需要的生活費，你真的覺得時間很多嗎？

要因應薪資不漲、物價飛漲的時代，勢必要增加額外的收入，一是來自下班後去兼差，二是來自投資的獲利。兼差是用「時間」來賺，投資是用「金錢」來賺，都是你必須付出的代價。俗話說：「天下沒有白吃的午餐。」千萬不能用「佛系」的態度來面對你未來的人生。Do something ！

面對最好又最壞的時代，不要再當一隻鴕鳥，不要以為船到橋頭自然直，一定要開始改變自己、一定要開始有所作為。

不要把下班後所有的時間拿來追劇、打電動、上網，而

是該找一些有機會賺錢的事來做。如果你的興趣能成為你收入的來源，就好好經營。因為現在是分眾、小眾的時代，只要能夠善用網路分享，就能找到非常明確的目標客戶。如果真的不知道做什麼？就去加強自己的工作技能，或語言能力，讓自己未來更有機會因工作表現良好而加薪，不然考個保險證照，當然就有機會賺到額外的收入。

開源之後，還要節流。怎麼存錢呢？就從每天少喝一杯咖啡開始吧！

省下手搖飲，就是投資的第一步

外帶一杯國際知名連鎖 S 店的咖啡，你付出的錢雖然是150 元，但其實是 159 元。因為如果你不買這杯咖啡，而是把 150 元拿去買 0056，可以買到 5 股，以 2021 年每股配 1.8 元股息（為保守起見，我沒有用 2022 年的 2.1 元股息）來算，可以領到 9 元股息，所以一來一回，不就是 159 元嗎？其實不只領 9 元，而是每年都能領 9 元喔！所以《富爸爸，窮爸爸》（*Rich Dad, Poor Dad*）書中才說：「窮人買支出

（外帶 S 店的咖啡），富人買資產（0056）。」

在 S 店內喝咖啡，雖然也花了 150 元，但相對值得，因為這筆錢是租了一個座位，可以工作、可以談事情，都是有可能帶來收獲的。不過，如果換到便利商店，只要 60 元可以達成一樣目的，然後省下 90 元買 3 股 0056，不就又賺了快 5 元嗎？

不要小看任何一筆「小支出」，其實它都能變成「小資產」。

有人或許以為省一杯咖啡雖然賺了 9 元股息，但別忘了買 0056 要手續費，股息匯進戶頭時還要扣 10 元匯費，不是要倒賠嗎？

我當然不是建議你一個月只要少喝一杯咖啡就好，而是開始思考有哪些花費看起來不多，但其實可以省下來做投資的？例如：

- 你難道不能早點起床，就不必坐計程車趕上班嗎？然後每趟可以省下 150 元、再多賺 9 元。
- 你難道一定要常常喝手搖飲料嗎？一個月少喝 3 杯，又可

以多賺 9 元。

- 你難道不能戒掉抽菸的習慣？反正對健康也不好，這樣一個月可以多賺好多個 9 元。

- 你難道……（以下請自行反省了）

　　如果你一個月可以省下 3,000 元無謂花費，可以買 100 股 0056，一年可買 1200 股，然後一年領 1,800 元股息（我決定更保守，以下只用 1.5 元股息計算喔！），10 年領 1.8 萬元，20 年領 3.6 萬元。以上是假設你都是用 30 元買進 0056。如果可以買到 30 元以下，獲利當然就會更多。

4 個心法，無痛投資

　　或許你認為實在太少，就沒有動力去執行，但別忘了以下 4 件事：

1. 你不是「只做一個月」，而是「每一個月、每一年」都這麼做，10 年後股息就有 9.9 萬元，20 年之後就有 37.8 萬元。

2. 你買的 0056 又不會消失，所以 10 年來買的 0056 值 36 萬元，加股息 9.9 萬元，就有 45.9 萬元，若算到 20 年，本金加股息就有 109.8 萬元。

3. 以上是單利計算，也就是沒有把股息再投入。如果用複利計算，以 1.5 元股息計算股息殖利率為 5%，則 10 年後的本金加股息是 47.5 萬元，20 年後則將近 125 萬元。

4. 難道你 20 年來每個月都只能存 3,000 元嗎？假設你能從第 2 年起，每個月可以多存 1,000 元，則 10 年後的本金加股息是 112 萬元，20 年後則高達 459 萬元。

以上的計算結果，請見本書最後所附的算式。

以上假設是 0056 的股價 20 年都不會增加，所以這些投資收益並沒有把價差的獲利算進去喔！

如果你還有 20 年才要退休，用這個無痛投資法，應該不會擔心未來會成為下流老人了吧？

以上是用投資 0056 做例子，或許有人認為該買的應該是台積電。若用相同的條件來計算，一年只能買到 72 股每股 500 元的台積電，再以每年 4 季每股總共可配 11 元來計

算，一年股利只有 792 元，低於 0056 的 1,800 元。大多數投資人對台積電的共識，就是未來具有高度成長性，所以股價應該會比 0056 更具備上漲的空間，但「價差」的不確定性，當然比「股息」來得大。

你如果真的一個月可以省下 3,000 元的無謂花費，務必只能買 0050、0056 等相關的 ETF，或是類似台積電這種「幾十年都有穩定配息，而且公司大到不會倒」的股票，所以並不是所有的個股都能買。

你其實沒有花任何努力，就賺到這些投資收益。你唯一要做的事，就是每天省一點小錢。

剛開始可能只是一筆不起眼的「小資產」，或許你還情願享受小確幸，但持之以恆做下去，一定會變成「大資產」。

千萬不要再以為外帶一杯咖啡只是一件小事，也千萬要記得任何財富都是從身邊的一塊錢開始累積起來的。

「如果一個月可以省下 3,000 元無謂花費來買 100 股 0056⋯⋯」

1. 每個月、每年都這麼做，10 年後股息就有 9.9 萬元，20 年之後就有 37.8 萬元。
2. 10 年值 36 萬元，加股息 9.9 萬元有 45.9 萬元，20 年本金加股息有 109.8 萬元。
3. 複利計算，10 年後的本金加股息是 47.5 萬元，20 年後則將近 125 萬元。
4. 第 2 年起每月多存 1,000 元，10 年後本金加股息 112 萬元，20 年後高達 459 萬元。

請拿時間來換錢，
才有可能開始投資

　　有一次去台中演講，決定搭台鐵自強號前往。在月台等火車時，被一位網友認出，兩人攀談了幾句。他說要帶太太和 2 個稚齡女兒回豐原，但他選擇搭區間快車，而不搭自強號。

　　我印象中的區間快車，應該會比自強號多花很多時間，所以我問他為什麼會做這種選擇？他打開手機 APP 跟我說：「大概會多花 20 分鐘，但全票一張省 120 元，半票一張省 60 元，我們全家就可以省下 360 元，正好拿來吃午餐。我又不趕時間，多 20 分鐘沒關係。」

　　我認為他這個決定完全正確，所以就把這個小故事分享在我的臉書粉絲專頁「樂活分享人生」中。沒想到反應超

級熱烈，有超過 6,000 個讚，留言也超過 200 則，有人支持他，但也有人持反對立場，認為時間很寶貴，不該為了省錢而浪費時間。

反對者的理由也沒有錯，但我只想請他們問自己：「省下來的 20 分鐘，你有做什麼更有意義的事情嗎？」如果也是無謂浪費掉，例如滑手機，或是去排隊吃美食，那還不如換 360 元吧？省下來，全家吃中餐，然後因為省下中餐錢，就有錢拿去買股息殖利率 5% 的股票，一年又多賺 18 元。

現在行動裝置非常方便，所以可以利用搭車時間來處理很多事情。例如我當天也是搭台鐵，比高鐵至少多花 1 小時，但我在車上利用手機回覆了很多網友私訊，也聯絡、登記了一些演講邀約。我沒有花錢聘請助理，所以我最愛在車廂裡完成這些事。當天在台中演講完，當然會有點疲累，所以我選擇高鐵，因為這樣比較快，能讓我有提早休息的機會。

還有人留言「有錢人用金錢買時間，窮人才用時間換金錢」我也非常同意，但不是用金錢買時間，就會變成有錢人。例如你為了玩線上遊戲，用餐只好叫 Uber Eats 外送，

多花的錢就是完全浪費了，因為你所買來的時間對你的人生真的不具意義。

當你還是小資族時，不要用有錢人的思維來催眠自己，因為這些有錢人在當年沒錢的時候，一定也是「用時間換金錢」。

還有人說區間快車的班次不多，或是常常會誤點，所以不一定只會多花 20 分鐘。關於前者，你就要學這位年輕人預做功課；關於後者，只好接受這個風險。

▎分配薪水，用閒暇時間換金錢

很多年輕人曾問我該怎麼存錢？以上這個小故事應該能給各位很大的啟發吧？如何用在真實生活呢？以下我就用一個月薪 3 萬元的小資族為例，提供大家一個簡單的方法：

首先，領薪水那天，就轉 6,000 元拿去定期定額做投資。我建議不是日常花費剩下的錢才去做投資，這樣你非常可能會成為「月光族」，而是應該逼自己先投資之後，再把剩下的錢拿去過生活。

投資花了 6,000 元之後，剩下 24,000 元。我不建議將食衣住行育樂這 6 項生活花費，按比例來規劃，而是把優先順序搞清楚。

　　人不可能不吃飯，所以先決定「食」的部分。我建議一天 250 元，一個月就是 7,500 元。先不要說「怎麼夠？」我希望大家一餐不要超過 100 元，所以不要把和朋友聚餐要花掉幾百元都當作「食」。超過 100 元的部分，我建議你要把它看作「樂」。手搖飲料、咖啡也應該不屬於「食」，而是「樂」。

　　再來不能省的是「住」和「行」，也就是房租和交通費。住得遠，房租會比較便宜，但交通費會比較高，反之亦然，所以 2 項要加在一起做考量。我建議這 2 項總計是 12,000 元。如果你能住在家裡，就沒有「住」的開銷，但請你的投資金額也至少要增加到 1 萬元。

　　扣掉這 3 項之後，只剩下 4,500 元。「衣」應該是下一個優先要規劃的項目。我建議不是每個月都要花治裝費，而是集中在打折期間去買。

　　如果已無餘錢，只好犧牲「育」和「樂」了。沒有

「育」，欠缺進修，對工作不利；沒有「樂」，生活又會很苦悶，那該怎麼辦？請你努力找到可以在工作之餘，兼差賺外快的機會，藉以增加收入，來滿足「育」和「樂」的需求。

只要拿自己在興趣中培養出來的專業，即便是小眾市場，都有可能透過網路來賺錢。工作之餘，別只追劇、打電玩、發酸文，拿這些時間來換錢吧！

「一個月薪 3 萬元的小資族該怎麼存錢？」

1. 領薪水就轉 6,000 元定期定額做投資。
   逼自己先投資，再拿剩下的錢過生活。
2. 「食」：一天 250 元，一餐不超過 100 元，
   一個月就是 7,500 元。
3. 「住」「行」：房租和交通費建議總計
   是 12,000 元。
4. 「衣」：平均一個月 3,000 元，但集中
   在打折期間買。
5. 「育」「樂」：一個月 1,500 元，若已
   無餘錢，只好犧牲！找到兼差賺外快的
   機會，增加收入滿足需求。

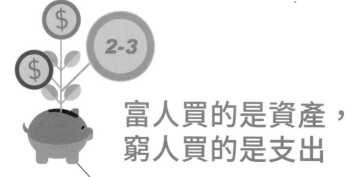

富人買的是資產，
窮人買的是支出

　　我曾受邀上金鐘獎最佳主持人謝哲青主持的金鐘獎最佳節目《青春愛讀書》。那次，我是和大家導讀一本我很喜歡的投資理財經典《富爸爸，窮爸爸》。這可說是財經作家少有的殊榮。

　　我第一次讀它的時候，還是一個「上班族」，因為每個月都有薪水入帳，所以對投資理財的感受不是太具體。這一次為了上節目，特地再看一次，此時已不再上班，更能體會投資理財對人生的重要性。同時，此時的身分已經是「財經作家」了，所以必須更精確地去解讀作者在書中所要闡述的理念。我認為整本書的精華就是這 14 個字：「富人買的是資產，窮人買的是支出。」

「買」意謂「付錢取得」，但富人取得的是能繼續幫他「賺錢」的資產，而窮人取得的就只是「花費」，不會再藉此賺到更多的錢。

絕大多數的人從工作取得收入後，都想要追求「當下的享受」，這是基於「貪婪」的心態，甚至只是在同儕壓力下的行為，以免被視為落伍，以免被人嘲笑，這時其實是「恐懼」在作祟。手機、汽車、名牌包，一旦買下來，價值就只剩下不到一半了，因為另一半就只是「虛榮」罷了。

買了這些時尚品之後，又要繼續拚命「為錢工作」，然後存夠了錢，就把手機、汽車、名牌包再升級。之後再繼續工作、存錢、再升級，周而復始，陷入永遠缺錢的輪迴。

如果你的收入還能支付這些開銷，至少不會被錢追著跑，但其實有更多人在還買不起的時候就想擁有，那就會落入「負債」的處境，結果就註定要越來越窮了。

富人則完全相反，他們會拿錢去買股票，讓這些股票可以幫他賺錢，不論是領股息，或是賺價差，都能使他的資產繼續增加，也就是「讓錢為他工作」。或者他們會拿去買房地產，或任何可以增值的標的，甚至去進修、增加自己的工

作能力，為的則是追求「未來的財富」。

不過，有人一定會反駁說，買股票、房地產不一定會賺錢，甚至還可能賠錢，所以還不如拿來消費，至少可以得到小確幸。這種心態將註定你一輩子當窮人，但你只要買進安全穩當的績優股，或地段很好的房地產，你就比別人更有機會成為富人。

很多小資男女一方面不想犧牲享受，一方面又想藉投資理財來賺錢，結果就想抄捷徑，用小錢來搏大利潤，這種對「高報酬」的期待，反而會伴隨「高風險」，然後就會離富人之路越來越遠，這種投機心態才是最危險的。

你要付貸款買資產，還是付房租買支出？

一般人對「資產」的定義是，能讓你的錢越來越多，而「負債」則是會使你的錢越來越少，所以在《富爸爸，窮爸爸》書中提到「房子不是『資產』，而是『負債』」時，顛覆了很多人的觀念，甚至成為許多不願買房，只願租房的人最有力的理由。不過，這其實是大多數讀者斷章取義的誤會。

作者在書中曾明確寫到：「我的意思並不是別買房子，而是別買負擔不起的房子。」這個論點和我常說「第一幢房子，買得起最重要」不謀而合。

買得起，就是「資產」；買不起卻執意要買，就是「負債」。作者從事很多年的房地產投資，也賺了大錢，所以怎麼可能說房子不是資產？

現在買房最大的壓力是頭期款，但只要不是買在蛋白、蛋黃區，然後願意犧牲享受、努力存錢，真的不該太早放棄買房的夢想。

付了頭期款，後面每個月要還的銀行貸款，差不多和房租相當。你付貸款，是「資產」；你付房租，是「支出」。

最後，我要提醒已經有富人思維的讀者，或許你這幾年從股票投資上有賺到錢，這時請你該把「股票」這個資產，適時轉成更能保值的「房地產」。這是書中沒提到的觀念，或許是因為作者太有錢了，不需要做調整，但對小資男女來說，千萬不要忽視隨時有可能降臨的股災。真有這麼一天，肯定會讓你的富人之路瞬間中斷，屆時原本的「資產」就會變成「負債」了。

別丟
領口泛黃的襯衫

　　有一本長銷書《斷捨離》，你看過嗎？書上告訴你，要經常清理家中的東西，該斷、該捨、該離的物品，就別再留念了。讓周圍的環境變得清爽後，就能夠改善你的心理層面。這個目標看來很抽象，但如果你可以把家裡已經用不到的東西變成現金，不就很具體了嗎？作者還強調，藉由對物品進行「減法」，來為自己的生活「加分」。東西「減少」了，但能夠讓現金「增加」，你還會捨不得嗎？

　　怎麼做？就是把這些要斷捨離的東西，拿到網拍平台去賣掉，例如大家都很熟悉的 YAHOO「奇摩拍賣」或 PCHome 的「露天拍賣」，就有機會變成現金。千萬不要先入為主，認為某些東西不可能賣掉就不做，因為或許別人對

你的這些廢物，會有不同的想法或用途。我曾賣掉 5 件領口、袖口都泛黃的襯衫，就是一個具體的實例。

這 5 件襯衫，我在網拍平台標價總共 400 元，而且我在網站上也誠實表達袖口、領口已泛黃，沒想到依然能夠順利成交。我還特別問買家，為什麼要買這些穿不出去的襯衫？原來他是一位戶外工作者，買來只是為了防曬，而不是穿去任何正式的社交場合。

如果這樣的襯衫都賣得掉，整套西裝就更不成問題了。我在證券業服務了 15 年，公司每年都會發一件西裝外套、兩件長褲、兩件長袖襯衫和兩條領帶。幾年下來，也有 10 幾套，衣櫥都快要不夠用了。離開職場之後，實在沒有必要保留那麼多套，就決定上網賣，並詳細說明衣褲的尺寸，甚至可以當面試穿再付款。一件西裝外套加兩件同款西裝褲，我只賣 990 元，結果只花了短短幾天就賣掉 10 套。我清出了家裡的空間，還能換成現金；買方則買到了便宜又合身的西裝，這不叫「雙贏」，什麼才叫「雙贏」？

這些網拍品中，我賣最多的東西，就是看過的書。我每本只賣定價的 5 折，而且是含掛號郵資在內，所以應該算是

非常便宜，也幫自己的書櫃做了定期的清理。書看過了，觀念吸收了，其實要再看的機會不多，還不如便宜賣，讓更多人可以得到和你同樣的啟發。現在，除了能在拍賣網站賣，還可以送到 TAAZE「讀冊」網站去賣，也非常方便。

不管賣多少，一定都賺錢

某家網站曾推出一則經典的廣告：「什麼都有，什麼都賣，什麼都不奇怪。」這段話真的太傳神了。我在網拍平台賣過的東西絕對稱得上無奇不有，包括我太太曾經在家兼差需要用到的全開牛皮紙，一張只賣 3 元；我父親在河濱公園散步撿到的幾百顆高爾夫球，一顆只賣 5 元；子女還小時為他們訂閱的《巧連智》月刊，一本只賣 50 元，刊出 1 小時就統統賣光。

除此之外，我還曾經把股市的技術分析方法，做成一個 Power Point 檔，只賣 100 元。當買方匯款到我的帳戶後，我就直接 email 給他，連郵寄或面交的手續都免了，這樣應該也賣了 50 套以上。

家裡只有冰箱裡的剩菜，應該是絕對不可能上網變現的東西。請務必要隨時檢查，能吃能用，就要趕快吃趕快用，否則都是浪費。

　　網拍順利只有 2 個關鍵因素，一是便宜，二是誠實說明物件的狀況。**拍賣幾乎零成本，所以不管賣多少，你都賺，因為留在家裡永遠不會變成現金，賣不掉也沒損失。**

　　誰說只有透過投資理財或下班兼差，才能增加額外的收入呢？千萬不要以為有些東西以後用得到，就捨不得丟，還不如拿來試著變現，那才是最實際的做法。

　　「存錢」要有毅力，比「找錢」難多了，所以何不換個方法，用「找錢」來加速「存錢」呢？

不同的人生階段，
該有不同的理財策略

　　每個讀者看到這篇文章，或許都在不同的人生階段。如果你還年輕，當然就可以好好規劃未來的人生。如果你已進入中高齡，驚覺現在才要開始理財，可能已經遲了，但我要提醒你，現在不做，就會永遠陷在後悔的焦慮中，所以即使如此，也應該有「永不嫌遲」的體悟。

20～30歲，努力工作

　　這是從你還在求學，一直到你出社會，剛開始工作的前幾年。我的建議是要努力賺錢、拚命存錢。不只要有一份正職的工作，也要設法找到一個工作之餘的收入來源。這時，

請盡量壓抑「追求小確幸」的念頭，也就是不要在該努力的年紀，卻選擇安逸。這是你一生體力最好的時候，該用「時間」來賺取「金錢」。

賺到錢之後，不要隨意花費。在花錢的時候，先想想這筆支出是「需要」的嗎？如果是，當然要花，反之則要省下來。就算是「需要」，也不要「想要」，也就是說不必追求最好的選擇，只要合用就好了。

存錢不要只會存在銀行裡，一定要開始做投資。最好的方法就是**每個月用固定的金額，開始做定期定額的投資，但標的一定要選擇相對安全穩當的**。這些支出是去買會增加收益的「資產」，而不是花掉就沒有了「支出」。

30 ～ 40 歲，奠定基礎

這是你工作開始逐漸熟練，甚至升到基層主管，而且也可能成立了小家庭的階段。我的建議是必須開始買保險，買下一間自住的房子。有了這 2 項，你應該就會很有安全感。

保險是為了在生病或出意外時能有保障，而不是希望透

過它來投資賺錢，也就是以單純的醫療險、意外險以及長照險為優先。儲蓄險繳費期間長達 10 年或 20 年，能領取收益的時間又在 10 年後或 20 年後，當然會嚴重影響你的資金運用，所以不是此一階段合適的理財工具。

如果你買了房子，每個月會有房貸支出，當然會排擠你日常的開銷，但因為現在房貸利率大約 2%，所以不必急著還，拿薪水繼續投資很多股息殖利率都有 4% ～ 5% 的金融股，然後拿股息來繳貸款利息，不就是現成的套利空間嗎？

┃40 ～ 50 歲，用心投資

這是你工作最順手，甚至升到中階主管，薪水也應該有大幅提升的階段。我的建議是你在投資上，不妨可以積極一點，因為這是你人生經驗最豐富、資金狀況最雄厚的時期，你應該能承受較大的風險。

這時候，你該投資的應該是類似台積電這種期待「高速成長」的電子股，而不該只追求「穩定領息」的金融股。不過，因為充滿想像空間，所以伴隨的風險也會比較大，當然

要花很多時間精力去選股。如果你自覺沒有選股的能力，可以考慮類似 0050 這種與台股高度連動的 ETF。

　　用比較積極的心態去投資，才有可能在此一階段加速累積財富。

50 ～ 60 歲，穩健投資

　　此時已經開始逐漸接近你的退休階段，甚至有可能已經被公司資遣，所以你一定要事先做好準備。這時，投資務必要先考慮「風險」，因為萬一賠了錢，就有可能會侵蝕你的退休金。萬一你已離開職場，你就沒有固定收入來彌補投資上的虧損了。

　　這時，我建議大家該買的是風險充分分散，以複製大盤為訴求的 ETF，而不該再以選擇個股作為投資重心。類似 0056 這種標榜「台股」與「高股息」的 ETF，是你可以考慮的投資標的。

　　如果你在此時已經買了足夠的保險，也有自己的房子，且房貸已付清，再加上只要有 5% 股息就足以支應退休日常

生活的話，我要恭喜你，你已經達成了「財富自由」的目標，隨時都可離開職場，當然也就能夠放心面對人生下半場了。

60 歲以上，開心花錢

希望你到 60 歲時，已經放心可以過退休生活了。此時，**雖然仍該靠投資賺錢，但請以賺股息這種「確定」的收入為主，而不是努力想賺價差這種「期望」的收入。**

只要每年都有穩定的現金能夠入帳，不就敢放心花錢了嗎？我希望大家不只「放心」花錢，更該「開心」花錢。以前為了家人省吃儉用，現在則不該再視「節儉」為美德，該花就要捨得花，讓自己能過一個沒有遺憾的人生。

保守必賠

請問樂活大叔：
「錢都存起來，竟然很危險？」

錢存銀行，註定賠錢

你若看到「買股票一定不會賠錢」這句話，會在後面加「？」，還是加「。」？我相信大部分人會選前者，但我會選後者。

如果是「存銀行一定不會賠錢」這句話，你會在後面加「？」，還是加「。」？我相信大部分人會選後者，但我會選前者。

買股票怎麼可能一定不會賠錢？當然要「買對股票」，絕對不是不管買什麼股票都不會賠錢喔！

存銀行怎麼可能一定會賠錢？雖然你的錢不會減少，但是你的錢能買到的東西會越來越少，不就是賠錢嗎？

一碗牛肉麵見真章

接下來，我就用兆豐金來證明上面的 2 個論點：

兆豐金是政府投資的銀行，應該不會倒閉吧？如果兆豐金有一天真的倒閉了，我相信絕大部分的股票都會下市，連台積電都不排除這種可能。

因為它不會倒，就像大家也相信絕大多數的銀行不會倒閉，大家才敢把錢存在銀行裡。把錢存在兆豐金，用定期存款的方式可以得到最多的利息。假設你存 3 萬元，依目前定存利率 1.35% 來算（2022 年 9 日底利率），一年後可得到 405 元利息。

你會說，原來的 3 萬元不只還在，而且還賺了 405 元。不過，因為每年通貨膨脹率約略 3%，所以一年後的 3 萬元實質購買力肯定不如現在了，甚至這 405 元的利息已經不足以彌補你所失去的實質購買力。

舉例來說，牛肉麵一碗原本 120 元，3 萬元可以買 250 碗，但一年後很可能至少漲到 125 元，你的 3 萬元雖然會增加到 30,405 元，但已經買不到 250 碗了，只能買到 243 碗。

每碗只漲 5 元，卻已經讓你少買 7 碗了，若漲 10 元，你只能買到 233 碗，足足少了 17 碗 !!

$$30,000 元 \div 120 元 = 250 碗$$

$$30,000 元 + 405 元 = 30,405 元$$

$$30,405 元 \div 125 元 = 243 碗$$

$$243 碗 - 250 碗 = -7 碗$$

$$30,405 元 \div 130 元 = 233 碗$$

$$233 碗 - 250 碗 = -17 碗$$

　　既然銀行不會倒，你也可以買一張兆豐金的股票啊！以 2022 年曾一度跌到 30 元左右來算，一張正好也是要花 30,000 元（暫不計手續費）。當年每股配發 1.4 元的現金股息，以及 25 股的股票股利，每股只用 30 元來計算，你都至少可以領到 2,150 元。

　　$$1,400 元 + （30 元 \times 25 股） = 2,150 元$$

　　繼續沿用牛肉麵一碗漲 5 元的例子，你投入的 30,000 元，原本可以買 250 碗。一年後，你的資產增加 2,150 元，

成為 32,150 元，你還是可以買到接近 257 碗，也就是還可以多買 7 碗喔！

$$30,000 \text{ 元} \div 120 \text{ 元} = 250 \text{ 碗}$$
$$30,000 \text{ 元} + 2,150 \text{ 元} = 32,150 \text{ 元}$$
$$32,150 \text{ 元} \div 125 \text{ 元} = 257 \text{ 碗}$$
$$257 \text{ 碗} - 250 \text{ 碗} = 7 \text{ 碗}$$

股價跌就賠錢的迷思

但是，兆豐金的股價有可能下跌，這樣不就賠錢了嗎？這就是很多人害怕買股票的原因，甚至有人誤以為股票因為有人買，也有人賣，所以一定是有人賺，就有人賠。但是，誰說買股票，一定要賣股票呢？

沒有人那麼厲害，一買股票，它就漲，所以幾乎每個投資人都會有手中股票下跌的經驗，這時難道就要「馬上」賣掉，然後賠錢嗎？

假設你不賣，繼續持有，然後它的股價始終都低於 30

元，這樣不就是一直賠錢嗎？

不會喔！因為別忘了它每年都有股息可領。假設它每年的股息殖利率都有 5% 以上，你的買進成本將在 20 年後完全回本！然後你可以一直領下去，甚至你的子孫也能一直領下去！因為它不會倒。

$$1 筆錢 \div 5\% = 20 年$$

難道 20 年後，兆豐金的股價也會跌到 0 嗎？如果真有這麼一天，台灣經濟早就崩潰了，把錢存在銀行也將成為一堆廢紙。它只有在 2008 年金融海嘯後，短暫跌落 20 元以下。

我當然不敢保證兆豐金每年一定都能發股息，但如果連它都發不出股息，我相信屆時的銀行定存利率會繼續下降，降到 0，甚至降成負利率都有可能。

如果把錢存在兆豐金，要多久才能回本？因為利率只有 1.35%，所以要 74 年！恐怕連你的孫子都過世了。但是，3 萬元還在啊！不過，我相信 74 年後的 3 萬元，大概只剩目

前價值的 10% 了！

$$1 \text{ 筆錢} \div 1.35\% = 74 \text{ 年}$$

　　買兆豐金這種股票，就是我在此篇文章開頭所說的「買對股票」。哪些股票能和兆豐金一樣「一定不會賠錢」呢？所有的金控股應該都可以。

　　只要買這種股票，然後長期持有，每年領股息，就「一定不會賠錢」！

致，只敢存定存的你

　　我身邊有很多人只敢存定存，因為他們完全不能忍受股票價格分分秒秒在波動，也聽多了股票投資讓人傾家蕩產的故事。存定存讓人最安心的地方是，你存的錢絕對不會變少。

　　所有的投資專家一定會說，2022 年 9 月的台銀定存利率為 1.35%，如果存 100 萬元的定存，一年只能領到 13,500 元左右的利息，實在少得可憐。這些只敢存定存的人不在乎，會振振有詞地說，至少還有利息可賺，不像買股票可能會賠掉幾十萬元。

　　所有的投資專家也會說，那區區的 13,500 元利息如何能夠對抗動輒 2% ～ 3% 的通貨膨脹率？這些只敢存定存的

人雖然同意，但他們會說那就省著點花啊！而且會再用買股票會賠錢的論點來反駁專家。

　　所有只敢存定存的人的理由，追根究柢就是害怕買股票會賠錢，而且絕不相信買股票會賺錢。

　　如果正在閱讀這篇文章的你，就是這種人，我不會對你說：「買對股票一定會賺錢」，因為你不會相信，我只想跟你說：「賣」股票才有可能賠錢，但誰說買股票一定要賣股票呢？

股價下跌，領股息也比存定存好

　　真正造成賺賠的關鍵是：「你買的是什麼股票？」我不想跟你談「護國神山」台積電，或是近年很夯的「航海王」（航運股），以及「鋼鐵人」（鋼鐵股），它們的股價都曾經漲翻天，你一定不敢買。

　　我只想跟你談你存定存的那一家銀行。因為你相信它不會倒，你才敢把錢存在裡面。既然它不會倒，你為什麼不去買它的股票呢？

　　你還是會反駁我：「因為股價會波動啊！」但是，**如果你都不賣，就是每年領股息，股價就算下跌，也跟你無關。**

　　股價下跌，帳面價值不就跟著減少嗎？但你可以用更低的價格持續買進，難道不好嗎？因為你的平均成本也會越來越低，不是嗎？

　　只敢存定存的人，對股票最大的恐懼就是擔心股價下跌。但是，大多數金控股的股價都不過 20、30 元，它「理論」下跌的空間只有 20、30 元，但「實際」絕對不會跌這麼多。就算股價下跌，你只要不賣，就不會賠啊！如果它的股價在 20 年內都不會回到 20、30 元，台灣經濟必然沉淪，你放在銀行定存的錢肯定也會大幅貶值，依舊無法讓你置身事外。

　　一定又有人會說，如果在 1990 年用 1,975 元買進國泰人壽，或是任何金融股，現在股價都還回不去。那是「過去」的事，但我說的是「現在」去買金融股，就算最貴的富邦金、國泰金，也不過 40 ～ 50 元，風險比 30 年前已經低到不能再低。

　　你可能會繼續質疑我：「如果要用錢，必須賣股票，就

有可能賠錢啊！」

　　我同意，但如果你留下至少 2 年的生活費，無須為突然的資金需求而變賣股票，不就可以避免發生賠錢的情形嗎？

　　最後我得聲明，以上的建議只適用在股息殖利率每年穩定勝過通貨膨脹率的金融股或 ETF，並非所有股票都能比照辦理。

　　當金控股下市，或 ETF 裡的所有成分股同一天倒閉時，只敢把錢存在定存的你，是依然逃不過金融風暴的。

向定存和儲蓄險說：「不！」

　　小資男女資金不多，能選擇的理財工具相對有限。如定存、儲蓄險、股票，應該是資金門檻和資訊門檻都最低的 3 項理財工具。若將風險度由低排到高，幾乎所有人都會認為定存風險是 0，然後是儲蓄險，而股票的風險則是最高的。我的看法卻是完全相反，這時你一定會問：「怎麼可能？」

　　所有財務相關的教科書都教導大家，除非你把錢存在經濟非常落後國家的銀行，否則銀行定存的風險是 0。因為你存在銀行裡的錢是不可能減少的，當然毫無風險，但別忘了**定存利率現在遠低於通貨膨脹率，所以它的風險是讓你的實質購買力不斷下降，換句話說，你會越存越窮。**

　　以 2022 年 9 月台銀一年期定存利率 1.35% 來試算：若

你存 1 萬元，一年後只拿到 135 元的利息，可能剛好買一個便當，更別提喝一杯 S 店的咖啡了。如果好不容易存了 100 萬元，每年能夠領的利息也不過只有 13,500 元。雖然存摺裡的金額仍有 100 萬元，但 10 年後，這 100 萬元能買到的東西一定比現在少很多，這就是通貨膨脹率吃掉你的實質購買力的證明。除了油價之外，所有的物價一旦漲上去之後，就不可能再降價了！

因此，絕對不要把錢拿去銀行存定存！

買儲蓄險，排擠生活開銷

大多數人都有以上的觀念，所以就會去尋找風險幾乎和定存一樣低，但報酬率比定存高的理財工具，而儲蓄險就是因應這種需求而誕生的。既能「儲蓄」領息，又具備「保險」的功能，所以讓很多保守的投資人趨之若鶩，只要問那些不敢碰股票的人，他們手上一定有好幾張儲蓄險保單。

儲蓄險雖然比定存好，對小資男女卻不一定最好，因為你必須持有它一直到期滿，才能拿到所有的獲利或開始領

息，若要提前解約，幾乎都是賠錢的，即使是到期前幾年有獲利，也非常微小，因此它會嚴重排擠到小資男女的生活開銷。

儲蓄險或許就比銀行定存利率多一點點，但別忘了儲蓄險會將你的資金凍結很多年，反而比銀行定存更不利。

定存解約，頂多沒利息，但儲蓄險解約，幾乎註定會賠錢！

小資男女一定要趁年輕、保費相對便宜的時候去投保，但該買的是單純提供保障的醫療險、意外險、壽險，而不該去買保費相對很高、但投資效率不高的儲蓄險，或任何與投資連結在一起的保險。

股息殖利率大勝定存利率

不存定存、不買儲蓄險，難道只能去買風險很高的股票嗎？我的答案是：「真的只能買股票。」不過，我要先反問各位：「股票真的風險很高嗎？」

如果你只想賺股票的價差，而根本不管公司的經營能力

和財務體質，風險當然很高；如果你只想每年領取公司所發放的股息，風險相對較低。能發股息的公司，經營能力當然比較好，如果它幾十年來每年都有發股息，風險就更低了，而且它一定是財務體質很好的公司，所以應該不會因倒閉而下市。

在台灣股市，要找到同時具備以上 2 個條件的公司，其實並不難，而且它們的股息殖利率幾乎都是定存利率的 3 倍以上，最起碼可以打敗通貨膨脹率，不會讓你越來越窮。

股票和定存、儲蓄險最大的差別，在於它的股價是隨時在變動。

如果你「當初」買的價格比「現在」的價格要低，「帳面」上就會出現虧損，但你不賣，「實際」上就不會賠錢。除非你買的是經營績效每況愈下，或有可能倒閉而造成股票下市的公司，否則就能一生一世領股息。

個別公司當然存在這種風險，但如果你買的是每年都有配息的 ETF，因為它是一籃子股票的組合，就能達到風險完全分散的效果，這絕對會比買個別股票安穩得多。

買股票，如果只是期望年年領股息，而且絕對沒有下市

的可能，那麼風險其實和定存、儲蓄險是一樣低，獲利卻可以高出很多。

　　小資男女們，認定股票是你唯一可以進行的投資項目吧！

極簡投資

請問樂活大叔：
「資金那麼少，該怎麼投資？」

4-1

看《魷魚遊戲》，啟發投資腦

　　2021 年最夯的韓劇，無疑就是《魷魚遊戲》（오징어 게임）。故事靈感來自韓國居高不下的個人債務問題，迫使這些走投無路的人，必須去玩一場你死我活的遊戲。遊戲的輸家會丟了性命，贏家則可獲得不斷累積的獎金。類似的生存遊戲情節則遙指 2000 年的日本片《大逃殺》（*Battle Royale*），但這齣韓劇加上了韓國金融問題的背景，更具現實感和隱喻性。

　　片中玩的 6 個遊戲，本來都是小孩子天真無邪的遊戲，沒想到卻成了非常殘暴的邪惡遊戲。我在這些遊戲中，也找到了一些和投資的連結，甚至還有很多啟發性，在此願與各位分享。不過，以下內容無法避免劇透，所以僅適合看過此

劇的人繼續閱讀下去。

123 木頭人，投資切忌僥倖

當鬼的人一旦回頭的時候，其他人都要立刻不動，不然就會出局（在劇中，則會被立刻槍殺）但總是有人心存僥倖，希望多走一步，以為鬼不會發現，就有可能贏得遊戲。

大多數的股市投資人又何嘗不是如此？大家根本不管買進的股票有無投資價值，或是股價是否合理，只要買了之後會漲就好，這就是僥倖的心理在作祟。結果常常事與願違，不是認賠出場，就是長期套牢。

投資股票重在「紀律」，而非胡亂猜測，所以千萬不要以為自己有能力在大盤重挫時挑到逆勢上漲的股票，也就是不要在不對的時機貿然進場。

達固那，投資力求簡單

劇中遊戲者必須把餅乾上的圖案完整切割下來，一旦失

敗，就性命不保。挑到三角型最簡單，挑到雨傘就很吃力了。

投資也是應該越簡單越好。選擇「個股」投資，自以為績效能夠超越大盤，其實真的非常困難。選擇 ETF，只要績效與大盤同步，不就簡單多了？許多統計都顯示，只有極少數的投資人能勝過大盤，大家別太高估自己，就認命吧！

拔河，千萬別玩期貨

劇中分成 8 組，每組 10 人玩拔河遊戲，兩兩對戰。贏的一方能繼續玩下一個遊戲，輸的一方就會從高台跌下、粉身碎骨而亡。

期貨就和拔河一樣，都是零和遊戲，有人賺錢（贏得遊戲），就一定有人賠錢（輸掉遊戲）。**千萬不要玩期貨，它一定是「投機」行為。**大家還是該買股票，因為它有可能具備「投資」價值，畢竟股票不是零和遊戲，只要長期持有好股票，大家都可以賺錢。

打彈珠，投資小心被騙

在還沒宣布遊戲之前，要求每個人找一個夥伴，所以很多人都找熟識的人來做隊友。沒想到是要 2 人玩彈珠遊戲，誰能贏到對方所有的彈珠，就能存活，否則就是死路一條。

片中的金融罪犯設局掉包外勞對手袋中的彈珠，和股市主力作手坑殺散戶的割韭菜行為完全如出一轍。千萬別以為有人會好心幫你賺錢，有人想炒高股價賣給追高的你，有人則直接把你辛苦存下的血汗錢騙進他們的口袋。

當有人說要提供賺錢機會給你時，請你務必想想「他幫我賺錢，有什麼好處？」如果沒有，就要小心被騙。

過墊腳石橋，不要再選股

剩下的 16 人要通過一座玻璃橋走到對岸，但橋上有些是一般玻璃，萬一踩上就會摔落而死，有些則是強化玻璃，可以安全前進。

這個遊戲隱喻了選股者的輪迴宿命。你在漫長的投資人生中，必須每一次都要正確無誤（踩在強化玻璃上），只

要一次重大虧損，甚至買到會下市的股票（踩在一般玻璃上），你就可能萬劫不復。

不要再選股，只買 ETF，因為後者風險相對分散，比較能夠讓你有個安心的投資人生。

魷魚遊戲，兼顧成長股和保守股

最後剩下 2 人玩「魷魚遊戲」，一方是攻擊者，要踩進魷魚頭，一方是防守者，要把對方推出魷魚身外。贏的人拿走 456 億韓圜，輸的人則喪失性命。

在股市中，「建立投資組合」要比「單押個股」來得穩健。投資組合中，最好要兼顧有賺價差機會的積極成長股（攻擊者），以及可長期領息的穩健保守股（防守者），這樣進可攻、退可守，就能應付詭譎多變的股市行情。

財經類的書多半枯燥，但你若能仔細體會，很多投資的觀念其實都在日常生活中，甚至很多電影、電視、戲劇裡也都俯拾即是，《魷魚遊戲》就是最好的示範。

「啟發投資腦，可以這樣做……」

- 投資切忌僥倖。
- 投資力求簡單。
- 千萬別玩期貨。
- 投資小心被騙。
- 不要再選股。
- 兼顧成長股和保守股。

小資族投資，
該追求成長還是安心？

　　有一次在賣場等結帳時，聽到一男一女的年輕店員對話：

　　男：「我就跟他說，要趕快賣台積電，結果他不聽，現在就套牢了。」
　　女：「那你賣了嗎？」
　　男：「這麼高，我當然不會買。妳有買股票嗎？」
　　女：「我就定期定額買 0056。」
　　男：「什麼是 0056 ？」

　　以上這段年輕男女的對話，正足以反應股票已成當今全

民運動的事實。這已經不是我第一次在公共場合聽到類似的對話，甚至還曾聽過很專業的技術分析討論。

近幾年來，年輕人投入股市已經成為一種時尚。因為一來股市自 2020 年 3 月低檔一路上漲，指數一度翻倍，任誰都難敵誘惑；二來盤中可以開始買賣零股，讓投資門檻瞬間降低，任誰都能輕鬆參與。

未實施盤中零股交易前，買一張台積電要 50 ～ 60 萬元，對年輕的小資男女來說，真是可望不可及，看得到卻吃不到。現在花個幾千元就能買 10 股，就能「享受」台積電的經營成果，以及從中「賺到」股價上漲的利潤。

台積電的投資價值一度被捧上了天，買進的人當然都認為一定能「享受」和「賺到」，但自 2022 年 1 月下挫後，卻開始出現各式各樣的警語，讓大家驚覺美夢會不會變噩夢？

我的粉絲也曾留言說他買 0056，就一直被親朋好友嘲笑，因為成分股內沒有台積電，所以股價非常牛皮、漲幅一度嚴重落後台積電，讓他開始有些動搖。

買台積電和 0056，是完全不同的投資思維，端看你追

求的目標是什麼？

▌想提早財富自由，小心欲速則不達

我認為追求「超級成長」的人該買台積電，追求「成長」的人該買 0050，追求「安心」的人該買 0056。但是，別忘了高成長、高報酬，當然伴隨的是高風險。反之，你若追求低風險，當然不能期望高報酬。

企業營收及獲利高速成長，股價一定也會高速成長，電子股對投資人的吸引力就在這裡。任何企業總有一天會再也無法高速成長，股價屆時也會見到高點，但是哪一天會到頂呢？大多數的投資人都很難知道。宏達電、大立光，不都曾經如此？

請捫心自問，你能在高點反轉前洞燭先機，或是至少反轉不久之後賣掉嗎？就算你真能做到，接下來的問題是：你能找到下一個高速成長的企業嗎？

當電子股狂漲之際，金融股曾是嚴重落後的族群，甚至很多還不漲反跌，讓很多存股族捶胸頓足。金融股因為不具

備高速成長的機會，股價怎能期待一飛衝天？如果我們換個角度來想，就是因為它們沒什麼成長性，但獲利表現相對平穩，所以股利發放的比例一定比電子股高，且股價不高，反而在指數位居高檔時，能夠讓人相對安心持有。0056 標榜「高股息」，非常類似金融股的特性，但又能規避單押個股可能的風險，所以能讓人安心的程度更勝金融股。

買股票追求「成長」的人，心裡想的肯定是「提早財務自由」，這樣就不會再對未來的生活感到焦慮，我相信絕大多數的人都希望達到這個目標。不過，千萬小心「欲速則不達」，一旦選錯個股，反而可能讓你永遠無法達到財富自由。

買台積電，真的能「提早」達成目標嗎？我相信不可能有人敢打包票，一定還要找到台積電第二、台積電第三……

追求「安心」的人，恐怕就不能期待「提早」2 字，但是穩穩賺、慢慢賺，才能久久賺，這樣「總有」一天還是能財富自由。

該追求成長？或追求安心？我不會在這裡給各位明確的建議，因為投資沒有對錯的問題，只有適不適合自己的問

題。強迫自己做不適合的做法，反而會更焦慮。

聽完那對年輕店員的對話，當時心中立刻有 2 個感想：

1. 男生說得一口好股票，但女生才是真正有行動力的人。投資一定要行動，否則都是空談，沒有任何意義。

2. 隨處都可以聽到有人聊股票，彷彿重回 1990 年大崩盤之前，這時請大家還是要非常戒慎恐懼。雖然說還是該進場，但一定要嚴控風險。

「成長 vs. 安心，你選哪一個？」

買股票追求「成長」的人，千萬小心「欲速則不達」。
買股票追求「安心」的人，穩穩賺、慢慢賺，才能久久賺。

投資沒有對錯的問題，只有適不適合自己的問題。
強迫自己做不適合的做法，反而會更焦慮。

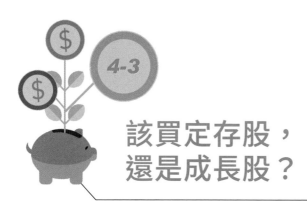

該買定存股，
還是成長股？

　　很多投資達人在 2021 年都說不要再買「定存股」了，因為它們的漲幅遠遠落後大盤；到了 2022 年初，又說它們漲太多了，殖利率會下降，所以也不該買。

　　漲幅落後，「價差」很小，所以不該買；飆漲太多，「風險」變大，卻又不該買，不是很矛盾嗎？這就是「賺價差派」的迷思。

　　如果你一開始是「領股息派」，在股價低迷、殖利率較高時，被「賺價差派」的思維引誘而動搖了你的信念，你現在當然更不敢買殖利率已經下降的定存股，但這不就完全背離你的信念，反而賺不到錢了嗎？

　　投資一開始就應該確定你要買的是「領股息」的「定存

股」，還是「賺價差」的「成長股」？或是你兩者都要也沒關係，但要分清楚每檔股票該是定存股，還是成長股？

換句話說，你不能期待定存股不只有穩定股息，又能為你賺價差；或是期待成長股有很大的價差可以賺，又有很高的股息殖利率。

以下我用兩個對照組來進一步詳細說明，一是 0056 vs. 0050，一是兆豐金 vs. 台積電。

0056 vs. 0050

我之所以始終說 0056「隨時都可買，買了忘記它」，就是希望大家把它看做是定存股，因為它這麼多年來的漲幅明顯落後大盤很多，買它圖的是「股價低」，讓小資族容易下手，以及「殖利率高」，可以慢慢賺、穩穩賺。

很多達人說 0056 下有地板 20 元，上有天花板 30 元，更容易賺價差，但曾經賣掉它的網友，常常抱怨它繼續走高，買不回來。如果你不甘願買在更高價，你可能曾經一度空手很久了。

0056 股價一度來到 36 元以上，看來它天花板股價 30 元的說法也早就不攻自破了。

你要買成長股，買的當然該是 0050。很多達人卻說 0050 該長抱，因為它的漲幅完全複製大盤，怎麼可以賺波段價差，而放棄長線更大的獲利？「事後」來看，這個說法完全正確，但如果你從來沒買過 0050，要你在此時才進場，真的敢長抱嗎？若要長抱，該跌到什麼時候才進場呢？看來這些達人也不敢給任何明確的答案。

0050 的殖利率目前大概 3% 左右，約略和通貨膨脹率相當，所以當然不該看做是定存股。**台積電也很類似，因為它現在的股息殖利率大約 2.5%。**如果未來的成長性不如預期，或是所有的利多都已反映完畢，導致股價看來已到高峰，現在還值得買嗎？

兆豐金 vs. 台積電

如果你的台積電買在 650 元以上，而未來也不會再有新高價，長期持有的獲利只剩股息時，這個股息殖利率能打敗

通貨膨脹率嗎？如果你的台積電買在 300 元，當然可以長期持有啦！但是有幾個人能抱這麼久？

如果你很幸運在高檔區賣掉台積電而獲利，你就會開始去尋找下一個成長股。這一次買台積電賺了錢，下次還會靠成長股賺到錢嗎？下次又賺到，再下一次呢？這將成為你投資道路上永遠的輪迴。

成長股都會和台積電面臨同樣的問題，大家會焦慮股價還會創新高嗎？如果不會，還能繼續持有嗎？又該什麼時候獲利了結呢？

兆豐金是定存股，買了它，你就無須不斷換股。它的股價始終在 30 ～ 40 元，每年獲利非常穩定，大約每年都可以配 1.5 元左右的股息，長期持有 20 ～ 30 年，持股成本就完全歸零，然後你活得越久，就領得越多。這樣投資，不是很輕鬆嗎？ 0056 也是如此，大概 20 年之後，成本同樣可以歸零。

每檔股票理論上都可能是成長股，所以選股就很困難，但是能作為定存股的股票並不多，因為它「必須」同時符合 2 個條件：「幾十年來每年都有配息，而且大到不會倒」，

以及「最好」還要搭配另外 2 個條件：「股息殖利率穩定在 5% 左右，至少能打敗通貨膨脹率，而且股價在 30 元左右或更低」，選股範圍相對就小了很多，不是嗎？

要買定存股，還是成長股？悉聽尊便，適合自己就好，但不該經常錯亂，掠龜走鱉，徒增焦慮。

「定存股 vs. 成長股,該選哪一個?」

你要買「領股息」的「定存股」?
還是買「賺價差」的「成長股」?

把 0056 看做是定存股。買它圖的是:
「股價低」,讓小資族容易下手。
「殖利率高」,遠遠勝過通貨膨脹率。

109

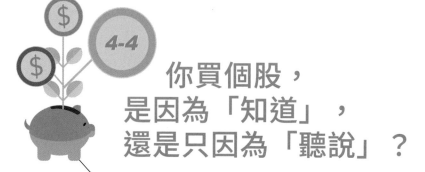

你買個股，是因為「知道」，還是只因為「聽說」？

　　台積電現在是最夯的個股。這個大家都認為「最好的電子股」，曾幾何時，已經不再是走勢溫吞的牛皮股，而是一路上漲的狂飆股，但在 2022 年 1 月之後，又成了一路下跌的弱勢股。

　　大家都說台積電是「護國神山」，只要是股民，都應該要參與它的成長。以往買一張動輒要幾十萬元，讓大多數股民卻步，但自從開放盤中零股交易之後，只要幾百元就可以買到一股，對小資族來說，不再是遙不可及的夢，因此買台積電股票，幾乎已經成了全民運動。

　　我絕對不會說台積電不好，只是想讓大家冷靜來思考一個問題：「你是因為『知道』台積電很好，還只是因為『聽

說』它很好，而去買它的股票？」

有一次我在演講的時候，就問了當場的聽眾這個問題，結果大家都說：「是因為『聽說』它很好才去買。」

基於這樣的理由而去買個股，不是很危險嗎？

當然有人是因為「知道」台積電很好而去買，例如它的員工，或是擁有很專業的研究團隊，不只從財務報表上研究，也有機會和公司團隊直接訪談。我最尊敬的闕又上老師甚至還為台積電寫了一本專書，就他多年來的研究成果，來和讀者分享。以上這些人買台積電，絕對不是「聽說」。

這些人能「知道」台積電技術領先同業的優勢，當然也會事先知道它可能即將面臨的威脅，所以更能掌握進出場的時機。反觀絕大多數「聽說」的人，在資訊取得上本來就居於劣勢，所以買到的價格一定比較高，賣的時候可能太早，少賺了，或是賣太晚，甚至還可能賠錢。

好多年前，大多數投資人也是聽說宏達電的前景一片看好，還被譽為「台灣之光」，所以股價一路衝到 1,300 元，結果現在呢？「知道」的人在高檔早就出脫，剩下一波波「聽說」的人不斷向下承接，甚至造成很多人因此傾家蕩

產。類似宏達電的例子不勝枚舉，都是殷鑑不遠。

我當然不是說台積電會步上宏達電的後塵，只是提醒選擇個股的投資人，都該捫心自問，自己是因為「知道」，還是因為「聽說」，才去買進某檔股票？

投資 ETF，做自己的「護股神山」

絕大多數的投資人，都是從媒體得知個股的訊息或專家對它的看法，不可能真的知道一家公司的未來展望。同時，就算「知道」的人，也不可能事先知道這家公司何時會出現突發利空，更遑論只是「聽說」的人。

任何個股都有可能隨時出事，台積電也不是沒有發生過，例如前董事長張忠謀在國外意外跌倒、機台中毒，或是晶圓瑕疵報廢而造成損失，不是嗎？所以選擇個股投資，就要有隨時接受利空的心理準備，也當然會生活在焦慮中。有時過於擔心，結果有小賺就賣；有時突然發生利空，來不及賣出，就產生套牢或虧損。

台積電幾十年來都有配息，而且幾乎不可能倒閉，但萬

一你買了之後，就開始下跌，而且跌了幾十元，你一定要問自己，如果長期套牢，還可以睡得著覺嗎？如果不能，就不該只是因為「聽說」而買它。

避免選股的焦慮，最佳的應對策略就是買 ETF，因為它們是一籃子股票的組合，不可能發生同一天出事，甚至同一天倒閉的情形，可以做到風險完全分散。只要買那些歷年都有配息，而且資產規模非常大的 ETF，例如 0050、0056，就不必再管自己究竟是「知道」，還是「聽說」某檔個股能否買進，也不必焦慮它們的任何投資風險了。

買 ETF，不用「知道」它的每一檔成分股選了哪一檔。不過，請大家至少要知道，衍生性的 ETF（例如正 2、反 1）是絕對不可以長期持有的。

年輕人該買 0050 ？
還是 0056 ？

現在有非常多的 ETF 達人，大家的共識是「這是最適合沒有時間選股的人的最好標的」，但歧異處也很多，例如該買國內 ETF ？還是該買美國、甚至全球的 ETF ？或是該賺價差？還是該領股息？抑或是除了大家最熟悉的 0050、0056 之外，還有沒有別的台股 ETF 可以買？以及到底該買 0050 ？還是 0056 ？

這一次，我將聚焦在資金較少的年輕人，以及這 2 檔有「國民 ETF」稱號的 0050 和 0056 身上。因為有非常多達人都說：「不可以買 0056 ！」但我常對年輕人的建議則是：「好好工作，傻傻存錢，然後就買 0056。」所以我有必要提出我的論點，來為各位年輕人解惑。

很多人常說在面對選舉時，我們是在「一堆爛蘋果中挑一個比較不爛的」，但面對 0050 和 0056 的選擇時，我們其實是在「兩個超甜的蘋果中挑一個最甜的」。我認為，這 2 檔 ETF 絕對是目前國內投資人最好的投資標的前 2 名，雖然類似的 ETF 也很好，但論成立時間、資產規模，或成交量，都還難以撼動它們在投資人心目中的地位，所以本文討論的焦點仍將放在 0050 和 0056 身上。

這檔股讓你好好工作，不須考慮何時該進場

我認為年輕人「都可以」買這 2 檔，但絕不該說「不可以」買其中一檔。我之所以鼓勵年輕人以買 0056 為優先，都是因為希望年輕人一定要以「好好工作」為優先。

其他達人詬病 0056 的缺點，其實正好就是可以讓年輕人好好工作的最重要理由。

他們說 0056 的股價成長性不如 0050。沒錯！再怎麼看，該買的都是 0050，但 2022 年絕對是台股的歷史相對高點，如果你此刻才要進場，0050 的股價已超過百元，碰到

未來大盤走跌，股價的波動一定比 0056 劇烈，你的心情因此產生焦慮的機率也比較大，可能就會影響到你的工作情緒，就很難「好好工作」。

在股市大漲時，0056 確實會出現漲幅落後的情形，但大跌時，它因為股息殖利率會逐漸走高，反而比較抗跌。資金不多的年輕人，還是該先想到「能承受的風險程度」，而不是「能期待的報酬率」。畢竟這些年買 0056，都還是賺錢的，不是嗎？

股價成長性不高，所以股價波動不大。曾有人說：「30元就是它的天花板，22 元就是它的地板。」這句話在很長的一段時間確實沒錯！但它在 2021 年也曾來到 36 元以上。

但換個角度看，什麼時候進場，價格都差不多，不是比較不焦慮嗎？以 2016 年到 2022 年來看，0050 最低 60 元，最高來到 150 元以上，股價波動這麼大，不是更讓人不敢進場嗎？

「達人」在「事後」分析各項數據，都太過「客觀」，但「每個人」「當下」進場的情緒卻是非常「主觀」的。經常掙扎在「該不該進場」的情緒中，恐怕對「好好工作」也

是有影響的。

定期定額，打造成就感

現在很多證券公司都有提供投資人定期定額的服務，可以讓年輕人不必一次拿出 10 萬多元來買一張 0050，讓投資的門檻可以降低，這也沒錯！但我認為定期定額扣 0056 比較有成就感，更能鼓勵年輕人開始投資。假設你每個月扣 1 萬元，扣 0050 要 1 年左右才能買到一整張，但扣 0056，大概 3 個月就能買到一整張，不是嗎？

他們又說，0056 的成分股因為配發較高比例的股息，所以成長性就不如 0050 的成分股，這當然還是正確的看法。但這該看投資人的需求而定，不能武斷地說追求「穩定的現金流」就不如追求「價差帶來的資本利得」。投資方法和標的，沒有誰對誰錯的問題，只看適不適合自己而已。

還有人在 2020 年提出警告，0056「可能不配息」或是「今年填息不樂觀」，曾讓投資人因擔心而卻步。我絕不能說 0056 一定會配息，或一定會填息，但你因為這樣杞人憂

　　天，而去買個股，風險不是更大嗎？而且你買個股時，就真的有考慮過它會不會配息或填息的問題嗎？

　　還有人質疑 0056 的成分股有一些比較投機的股票，所以要大家小心。買 ETF，就是不要再因選股而焦慮了，如果你還花這麼多時間去研究每一檔 ETF 的成分股，那就已經不是買 ETF 的原始目的了，別自尋煩惱吧！

　　我認為年輕人都可以買 0050 或 0056，但絕不會說一定不能買其中的某一檔！這要由年輕人衡量自己的個性和需求來決定。

「國民 ETF 的優點有這些……」

0056
- 股價低，心理壓力小。
- 股息殖利率高，可穩定領息。
- 成分股在 2022 年 12 月增加到 50 檔，影響尚待觀察。

0050
- 股價波動大，有賺價差的機會。
- 長線報酬率可期。
- 成分股確定是台股前 50 大市值，爭議小。

現在還可以買嗎？

「現在還可以買嗎？」是最多人問我的問題，無論是在臉書粉絲專頁上，或是在演講現場；無論指數在 10,000 點，還是 18,000 點，永遠都有人問。

「不要再選股，大不了套牢」一直是我最核心的投資理念，而且無論指數高低都適用。不過，絕大多數的人都認為 2022 年是台股的高點，我也沒有十足的把握說台股會繼續漲，所以我對這 10 個字的「信念」雖然不會改變，但或許「做法」在此時要做一些調整。

「不要再選股」意謂還是該買與台股高度連動，或標榜「高股息」的 ETF，如 0050、0056。0050 的股價最高曾來到 150 元以上，我想很多投資人應該已經買不下手了，但

0056 的股價最高也不過 36 元，且股息殖利率至少還有 5%，所以對小資族來說，相對能接受。

因為 ETF 和大盤連動性強，所以在股市位於高點時，大家還是認為 0056 很貴而遲遲不敢進場。台股如果繼續上漲，現在不進場，就會錯過獲利的機會，這時為了去除這種焦慮，我建議小資族可以採取「定期定額」的方式，不過一定要「長期」執行下去。因為長期買入，不可能買在最高價，也不可能買在最低價，而應該是會落在長期平均的價位。

台股繼續上漲，你就開始獲利，但如果就此一路下跌，你也可以降低持股成本，讓往後的股息殖利率更高。以 0056 為例，如果跌到 27 元，我建議可以開始買整張，然後跌越多，買越多張，這樣就可以加速降低你的平均成本。

我認為「定期定額」比「零股交易」更適合，因為前者完全無須用腦，但後者還是會對買進時機感到非常焦慮，也還是會一直問「現在還可以買嗎？」

任何個股都會出現突發的利空，但 0050 的 50 檔成分股縱有一家突然出事，其他 49 檔絕對不可能同一天出現利空，

而 0056 的 30 檔成分股也有同樣風險完全分散的效果，所以無論指數高低，我還是不選股。

▎衍生性 ETF 最好不要碰

不過，此時絕不能買衍生性的 ETF，就是在名稱後面有「正 2」或「反 1」字樣的 ETF。台股已經漲了好多年，如果買「正 2」，獲利會是股市漲幅的 2 倍，但回檔時，虧損也會是股市跌幅的 2 倍。**投資千萬不能只想「獲利」，反而應該先想「風險」。**

如果你認為台股指數已在高點，未來下跌的機會比較大的話，你也不該買「反 1」去賺下跌的利潤。萬一台股真的一直漲上去，你就是「聰明反被聰明誤」了。

一旦套牢在衍生性的 ETF 上，它們是沒有股息可以領的，所以這是另一個我不建議大家買的原因。同時，它們是透過期貨操作，交易成本很高，長期持有不排除會下市。2020 年，很多人因買進「元大石油正 2」而傾家蕩產，就是最血淋淋的例子。

任何投資都有可能套牢，而每一個投資人都很難避免套牢，所以一定要慎選套牢的標的，才能讓自己有「大不了套牢」的心理準備。個股除非是幾十年都能穩定配息，而且大到不會倒，才能作為安心套牢的標的。股價當然也該列入考慮，因為股價越低，應該越能安心。

　　如果以股價為考量，0056更優於0050，因為它大多數時間都不到30元，只要每年配1.5元，20年後成本就降到0，當然相對安心。但以股價成長性來說，0050就優於0056。這時，該定期定額扣哪一支？就請你自己決定。不過，**不是說只有0050、0056兩個選項，只要是與台股高度連動，或標榜「高股息」的ETF，例如006208、00878都可以考慮，但請自己研究、自己決定。**

　　不要再問：「現在還可以買嗎？」因為你如果現在不開始採用定期定額買進的話，你會一直問，即使股市下跌，你還是會問，然後永遠不會進場。

　　也請不要問我會不會買？因為所有的投資決定都該自己做。因為我都抱著「大不了套牢」的心態買0050或0056，你也確定自己能有同樣的決心嗎？

買股票基金
有可能穩賺不賠嗎？

曾有一個很專業的網友質問我，難道我不知道 0050 的風險等級是最高級的 RR5（編按：中華民國銀行公會針對基金價格的波動風險程度、投資標的風險屬性、投資地區市場風險狀況所編制的風險收益等級）嗎？一味建議大家買 0050，難道不是讓大家暴露在極大的風險中嗎？最後還說我「騙大家買股票，缺德」。

大家對「風險」的認知，一是有可能賠錢，二是有可能消失。任何個股都具備以上這 2 種可能，但銀行存款似乎不會發生這 2 件事，所以個股風險極高，銀行存款則相對極低。

「個股」因為價格時時刻刻都在波動，買賣股票當然有

可能賠錢，甚至因為公司經營不善，導致股票下市，讓投資人血本無歸的情形也是屢見不鮮。「股票基金」因為持有一籃子股票，雖有風險分散的優點，但還是有可能因操作不當而虧損，因為沒有任何一個基金經理人敢保證一定賺錢。雖然股票基金持有的股票幾乎不可能統統都下市，但如果該基金資產規模因為被不斷贖回而縮小，最後還是有可能被清算下市，即使不像個股投資會歸零，但被清算的時候肯定都是處於淨值虧損的狀況。

綜上所述，股票基金的風險程度當然是最高級的 RR5，但同樣是屬於基金形式的 0050，也會賠錢、也會消失嗎？

0050 的被動選股分散風險

0050 是 ETF 的一種，屬於「被動式基金」，而一般投資人常買的股票基金，則屬於「主動式基金」。簡單來說，兩者的差別在於基金經理人的買賣權限與追求目標。後者完全看基金經理人的個人判斷，追求的是「主動」選股的績效；前者則要求基金經理人必須依照設定的選股標準和持股

比例來執行，不得有個人意志，追求的是「被動」複製大盤指數的走勢和漲跌幅度。

0050 的 50 檔成分股就是台股前 50 大市值的股票，每半年會檢討一次，一旦市值跌到 50 名以後，就會被剔除賣掉，再買入擠進前 50 名的股票。再者，發行該基金的業者會精算各成分股的持股比例，讓它的漲跌幅度幾乎和大盤一樣。

任何個股都有可能出現突發利空，但 50 檔成分股應該不會同一天都出事吧？這種風險分散的效果和一般基金相同，但它是台灣市值前 50 大股票的組合，發生重大利空的機率，相對也比一般基金持有的股票小。

大盤不可能只漲不跌，所以 0050 的股價當然也會隨之上下，買賣之間必然有賺有賠，所以存在「賠錢」的風險。不過，人類文明所帶動的經濟發展，長期是向上成長的，所以如果你長期持有 0050，不管短期波動，永遠不賣，總有一天應該還是會賺錢。別忘了，它每年都有配息，且股息殖利率至少約略與通貨膨脹率相當。

萬一台灣經濟從此沉淪、一蹶不振，長期持有 0050，

還是有可能永無翻身解套之日，但屆時台幣將持續貶值，你存在銀行的錢就算金額不變，實質購買力也將嚴重受損。

▎如果有一天，0050 下市了……

如果有以下 2 種狀況，0050 還是有可能會下市消失：

1. 它的 50 檔成分股「同一天」下市。或許其中一檔會突然倒閉而下市，但 50 檔應該不會同一天發生吧？萬一真有這麼一天，你存在銀行的台幣恐怕也將成為一堆廢紙了。
2. 根據 ETF 下市規定，當它的資產規模不到台幣 1 億元時，將會被清算下市。0050 目前是台灣資產規模最大的 ETF，超過 2,000 億元。真要因為這個原因被要求下市，我預期屆時恐怕沒有任何一檔 ETF 了。就算這是 0050 下市機率「最高」的一種狀況，但機率恐怕也趨近於 0。

0050 理論上會消失，但屆時台灣經濟早就崩潰。

0050「長期持有」也不可能 100% 賺錢，但如果因此讓

你「永遠」賠錢，台灣經濟也肯定已經萬劫不復。

最後，要提醒各位讀者以下 3 點：

1. 0050 及其他類似連結大盤指數的 ETF，絕不可能沒有「短期」賺賠的風險。

2. 各種非連結大盤指數的 ETF，如產業型、策略型，甚至海外 ETF，都不保證沒有「長期」風險。

3. 所有衍生性 ETF 不只有「短期」風險，「長期」風險更大。

「買 0050 風險高嗎？」

0050 是風險最低的股票。

● 50 檔股票不可能同一天出事。

● 50 檔股票不可能同一天倒閉。

● 發行商元大投信萬一倒閉，也不影響持有人的權益。

● 資產規模最大，幾乎不會降到 1 億元以下而被迫下市（006208 同樣風險最低）。

到底該買 0056、00878，還是 00900 ？

2022 年 8 月 16 日，2 檔高股息 ETF 的後起之秀國泰永續高股息（00878）和富邦特選高股息 30（00900）同一天除息。我當時寫了一篇文章，來回答很多投資人問我的兩大問題：「該參加除息嗎？」以及「該買這 2 檔，而不要再買老牌的 0056 了嗎？」

我不想分析這 3 檔的選股標準和目前的成分股組成，因為再多的分析都比不上股價會說話。

股價在說，你有沒有在聽？

以 2022 年除息前的跌幅來看，00878 只跌了 8%，而

0056 跌了 12.7%，00900 跌得更重，高達 20%。大盤當時跌了 16.1%，所以 00878 和 0056 是打敗大盤的。

依上述理由，所以該買的是 00878。

00900 宣布配息 1.2 元之後的隔天，股價最多曾大漲 9.4%，這幾乎是 ETF 不可能出現的一日漲幅，所以後來就開始收斂溢價幅度。即便如此，股息殖利率仍高達 9.8%，遠勝 00878 和 0056。

依上述理由，所以該買的是 00900。

若用 00878 最近 4 季的股息合計 1.18 元，來和除息前收盤價 17.33 元計算，它的年度股息殖利率是 6.8%。如果 0056 要打敗 00878 的股息殖利率，用同一天它的收盤價 29.22 元估算，它今年必須要配 2 元以上才能打敗 00878。0056 是有機會發 2 元以上的股息，但目前仍未宣布，所以無法確認它能打敗 00878（編按：0056 在 2022 年 10 月 3 日宣布配息 2.1 元）。

依上述理由，所以該買的是 0056。

但為什麼我還是只買 0056，而不買另外 2 檔呢？

最近有一次去演講，我用了一個比喻來解釋自己的理由。

金城武和劉德華都是銀幕上的大帥哥，各有很多死忠的鐵粉。金城武的粉絲不會因為劉德華得過金馬獎最佳影帝，就轉而支持劉德華；劉德華的粉絲也不會因為金城武被選為最帥的華人，就轉而支持金城武。

我就是喜歡金城武勝過劉德華，要我說理由，我其實也說不上來。0056 對我而言，就是金城武，00878 就是劉德華。

那麼 00900 是哪個大帥哥呢？我認為可以看做是影星布萊德・彼特（Brad Pitt）。像它今年的股息殖利率幾乎接近 10%，應該不會是常態，就當作是更高不可攀的好萊塢巨星了。

買 ETF 最忌三心二意

我在 2017 年就開始買 0056，一直都有很穩健的獲利，也無須再費神選股，且知道它做到了風險完全分散，更不可能下市，所以也沒想到要買其他的高股息 ETF。

我不會因為 00878 今年跌幅更小，或 00900 今年股息殖利率更高，就「移情別戀」。如果每年都在計算三者誰優誰劣，然後不斷換股操作，或許最後會變成「掠龜走鱉」，搞

得每年都做錯。

硬要說 0056 比 00878 和 00900 要好的原因，就是它規模僅次於 0050，最不可能因為規模縮小到 1 億元以下而下市。

買 ETF 圖的就是簡單，若常常拿來比較，不是就又回到選股的焦慮中嗎？

如果你現在買的是 00878 或 00900，就不要再三心二意，一路買下去吧！

要不要參加 00878 或 00900 的除息呢？我覺得 00878 因為是季配，金額較小，填息機會較大；00900 要填息 1.2 元，恐怕不太容易。若能輕易填息，或許我會開始買一些 00900。

最後再強調一次，我不是因為 00878 或 00900 不好而不買它們，只是我沒必要做改變，因為 0056 也沒有什麼非賣掉不可的理由。

同理，對我來說，0050 就是金城武，006208（富邦台灣采吉 50 基金）就是劉德華。

———————
註：本文原刊於 2022 年 8 月 12 日作者在「方格子」網站的「小資幸福講堂」。

投資理財千萬不要「見樹不見林」

　　大家應該都聽過一句成語「見樹不見林」，意思是說不要只重視「局部」，而忽略了「全部」，或是以為「局部的成功，就是全部的成功」。

　　我認為「投資理財」只是「樹」，「人生幸福」才是「林」。巴菲特號稱「股神」，但他從不提自己的投資績效，反倒是他始終給人如沐春風的感覺，讓人相信他的人生應該是非常幸福，這才是他讓人最羨慕的地方。我相信一定有很多人賺得比他還多，但就是沒辦法超越巴菲特在股民心中的地位。

　　絕大多數的投資專家總是愛拿自己的投資績效來和他人做比較，每天念茲在茲的就是誰輸誰贏，我認為這就是「見

樹不見林」。投資贏了別人，人生或許其實並不幸福，這又有什麼意義呢？

俗話說「相由心生」，如果你的人生非常幸福，這絕對是藏不住的。如果你每天繃著個臉，追求報酬的極大化，以為這就是人生最大的成就，或許你擁有一棵超大的「樹」，但卻有一片超醜的「林」。

很多人相信「賺很多錢」之後，人生就會幸福了，但這一定要以非常努力作為代價，結果真的賺到很多錢，卻可能失去人生很多更重要的東西。千萬別以為世上有一個方法，可以讓你靠投資理財就能輕鬆賺錢，那都是需要耗盡很多的時間和精力才能達成，然後必定影響你的生活品質，怎麼會有幸福的感覺？

投資專家的方法或經驗，或許可以教你怎麼賺錢，但他們沒辦法教你怎樣讓你的人生更幸福。這時，大家心裡想的，不應該是怎麼「種樹」，而是怎麼「造林」。

舉個例來說，如果你家有一個非常叛逆的青春期小孩，這時你該多花時間和心思來陪伴、教導他，還是去努力鑽研個股的基本面或技術面？錢賺到了，小孩卻走上歧途，這難

道是你要的人生？更何況你還不一定賺到錢。

　　或是你的工作績效並不受到主管的肯定，你是該努力精進工作的技能，還是該努力加強選股的能力？前者的努力比較有機會看到成效，但後者可不保證一定讓你賺錢。同時擁有固定的薪資收入與額外的投資所得，應該才是比較幸福的人生吧？

　　這也就是為什麼我希望大家去買不用花時間和精力的0050、0056這類ETF的原因。它們很難讓你「賺很多錢」，但能讓你有餘裕去好好經營其他每個人生的面向。

▎投資理財林中，還要有保險樹和房地產樹

　　投資理財的項目很多，也可以單獨看成是「林」，而「股票」不過只是一棵「樹」。

　　大家接觸最多的投資專家，應該都是「股票」專家。他們最愛標榜自己的操盤能力，以及強調複利效果。前者很難查證，我也無法反駁，但後者則給大家極大的憧憬，我倒認為值得商榷。

以 0050 為例，我認為該在相對高檔適度獲利了結，但很多專家建議該長期持有，永遠不賣，才會讓報酬極大化，這也是他們最質疑我那個紀律「日 K<20，買；日 K>80，賣」的地方。他們立論的根據，就是複利效果，而事實則是台股走了 13 年的大多頭行情。

現在回頭去看，我確實少賺了很多錢。但我用 0050 區間操作賺到的價差，在 2016 年買了一間房子，現在來看，已經增值超過 40%，難道不好嗎？為何買這間房子？因為以我的年齡買長照險，太貴了，所以我拿這間房子作為我萬一需要長照時的準備。我賣 0050，讓我未來的人生更安全，所以我的 0050 這棵樹或許沒有比別人粗壯，但我把這片林顧得更舒適。

0050 是我的「股票」樹，那間多買的房子既是我的「房地產」樹，也是我的「保險」樹，這些才能讓我的「投資理財」林更完整。

我把 0050 換成房地產，因為我不相信「長期」的複利效果。股市不可能永遠多頭，一旦股災來臨，一味追求的「複利財富」，將瞬間成為「紙上富貴」。很多股票專家都

認為不該買房，而該把資金投入股市。在投資理財林中，少了一棵房地產樹，對我來說，是非常危險的。

這些質疑我的專家其實也是「見樹不見林」。他們笑我0050這棵「樹」好小，但不知道我的「林」好漂亮。別忘了，這座林裡還將3個子女養育成人，是一個非常幸福美滿的家庭。

指數化投資是萬靈丹嗎？

　　ETF 投資已成目前「台股」投資的顯學，但很多人都誤將 ETF 和約翰・柏格（John C. Bogle）當年積極推廣的「指數化投資」混為一談，不只一般投資人會犯此一錯誤，連媒體也不例外，甚至柏格的諸多信徒也傻傻分不清。

　　柏格被尊稱為「指數化投資教父」，他在 1976 年成立的先鋒標普 500 ETF（Vanguard S&P 500）就是第一檔指數化投資的基金。

　　他對「指數化投資」的定義在他的經典名著《約翰柏格投資常識》（*The Little Book of Common Sense Investing*）的本文第 2 句話，就已清楚載明：「指數型基金的基本架構，就是買進美國股市所有的股票，並繼續持有的共同基金。」

（詳寰宇版「全新增訂＆十周年紀念版」第 28 頁，以下同）

該段話的原文如下：Even before you think about "index funds" –in their most basic form, mutual funds that simply buy all the stocks in the U.S. stock market and hold them forever.

這句話有 4 個重點，一是「指數型基金」（index funds），二是「美國」（U.S.），三是「所有的股票」（all the stocks），四是「繼續持有」（hold them forever）。

這裡的「指數型基金」依約翰・柏格的定義是指 TIF（Traditional Index Fund），而不是指我們常說的 ETF（Exchange-traded Fund），後者在書上被稱為「指數『股票』型基金」。為避免混淆，以下都用 TIF 和 ETF 來做說明。

是美股的萬靈丹，但不一定適合台灣

《約翰柏格投資常識》第 176 頁，柏格寫道：「最近 10 年來，TIF 深受披著羊皮的大野狼（ETF）挑戰。簡言

之，ETF 是專為交易便利性而設計的指數型基金，也是個經過偽裝的傳統指數型基金。」第一檔 ETF 則是在 1993 年推出的 S&P 500 ETF（暱稱 Spider）。

TIF 是買進「所有的股票」，ETF 則否，所以台灣的 0050、0056 都只是 ETF。在此提醒大家，你買 0050 絕不能跟別人說自己是做指數化投資喔！

從第 190 頁提到的一段話：「目前 TIF 有很大部分是追蹤整體美國股票市場、整體國際股票市場，以及整體美國債券市場。」就知道柏格的理論是只針對「美國」和「全球」才可以「繼續持有」。若非如此，以他在指數化投資上的崇高地位與經營績效，大可到全球各國去推出類似的基金，但他並沒有。也因為他治學嚴謹，所以在沒有足夠數據佐證下，當然不敢輕言「任何股市」都能完全適用他的理論。

他甚至是反對買美國以外的股票，如第 229 頁所說：「美國機構的健全程度，大體上不是勝過其他國家的對應機構嗎？美國企業的半數收益與利潤，不是已經來自海外了嗎？起碼美國的國內生產毛額（GDP）成長速度，不會輸給其他已開發國家，甚至更快。」

綜觀整本書，他從未提到「任何國家」或「該國」，也能明確佐證以上的推論。

再說說第 94 頁最後一段話：「成功投資的致勝方法，就是通過 TIF 來擁有整體股票市場，然後什麼都不必做，只要繼續持有。」這一句又不提「美國」，只講「整體」股票市場，難道任何其他股市也該這麼做嗎？顯然不是！

就以最近 5 年為例，你若在 2017 年底投資英國股市，當時指數約在 7,700 點，2021 年大約在 7,000 點左右；你若在 2018 年初投資大陸股市，當時指數約在 3,500 點，2021 年不過 3,600 點。

你若認為看 5 年太短，我就舉更長的期間為例。

你若在 1989 年底投資日本股市，當時指數近 39,000 點，2021 年只有 28,000 點；你若在 2007 年投資陸股，當時指數超過 6,100 點，2021 年只有 3,600 點。

試問，這 3 個全球舉足輕重經濟體的股市能用「什麼都不必做，只要繼續持有」的方式嗎？看來是不行的。當然，有些國家是能夠這麼做，但這個理論絕對不能適用在所有的國家。

　　簡而言之，指數化投資對美股是萬靈丹，但對其他股市則不一定是。

　　既然很多國家不適用「繼續持有」，那麼 ETF 拿來作為「交易工具」，就很自然成為許多人的投資方式之一。不然，有哪一國的投資人真能正確掌握低點買進該國的 ETF，然後什麼都不必做，只要繼續持有就好了呢？

　　國內最具代表性的 0050 能適用柏格主張的「什麼都不必做，只要繼續持有」的做法嗎？我持保留的態度，因為這要看你把台灣看做是美國，還是英國、日本了！

　　我寫這篇文章，是向柏格致敬，但也在提醒大家不該有錯誤的解讀，而將他的理論無限上綱到所有國家，或是用任何事後回溯的統計數據，來宣稱哪些國家適用，哪些國家不適用。因為只有「美國」和「全球」肯定持續向上，而其他任何國家都有可能步上日本「失落的 30 年」的後塵。

注意匯率風險和遺產繼承風險

　　我完全認同柏格「指數化投資」的精神，也就是「什麼

都不必做，只要繼續持有」，然後去賺取可能帶來近乎整體市場的總報酬。所以我立刻拿 1 萬美元出來買涵蓋全球股市的先鋒整體股市 ETF（Vanguard Total, VT）。我必須在這裡再強調一次，柏格的指數化投資只適用於「美國」和「全球」股市，而非任何一個國家的股市。

我會去我的往來券商開立複委託帳戶，而不會採用去美國開戶來購買的方式。雖然後者可能無須支付任何交易佣金，但我著眼的是不要造成家人在日後繼承這筆遺產時的困擾。

曾有網友跟我私訊說，她的先生突然過世，留下一些在美國開戶所買的股票，真的讓她很難處理。好不容易處理完，扣掉高額的稅負及專業的服務費之後，幾乎所剩無幾。就算你現在年紀很輕，也不能排除突然過世，更何況我已經60 幾歲了。

2021 年的時候進場，好嗎？柏格在《約翰柏格投資常識》中，第 9 章專章〈當美好時光不再〉的第 108 頁提出警告：「未來 10 年內，我們即將再度面臨股票市場報酬轉為疲弱的時代。」難道意謂此時不宜進場？但這似乎與他不擇

時進出的主張有些落差。

　　我不想煩惱這件事，所以我會立刻買進。既然要長期持有，甚至作為給家人的遺產，又何必在乎 2% 的風險呢？（不過，當然也可能高於 2%。）

　　書中不斷提到「什麼都不必做」，是說一筆資金投入後就不再投入嗎？柏格在書中從沒有說過「持續投入」，所以應該是不建議這麼做。不過，我想修正一下，只要每跌 5%，我就會再買 1 萬美元。

　　當時進場，還有一個好處，因為台幣 2021 年非常強勢。約 28 元兌 1 美元，比起很多早年用 31 元匯率買進的投資人，至少少賠了 10% 左右的匯差。這其實也是柏格不建議大家投資其他國家股票的主因。

　　書中第 229 頁提到：「我們賺的是以美元計值，花的錢是美元，儲蓄的錢也是美元，投資的錢仍然是美元，所以為什麼要承擔外匯風險呢？」不過，我們是台灣人，為了進行指數化投資，也只好被迫承擔匯率風險。好在我在台幣相對強勢時才進場，外匯風險相對較低。

　　他接下來更說：「美國機構的健全程度，大體上不是勝

過其他國家的對應機構嗎？美國企業的半數收益與利潤，不是已經來自海外了嗎？起碼美國的國內生產毛額（GDP）成長速度，不會輸給其他已開發國家，甚至更快。」所以再次證明他的理論只適用「美國」，而不該想當然耳也能用在台灣，因為我們的機構沒有美國健全、我們企業的收益與利潤來自海外的比例應該不會超過半數，唯一能贏的可能是GDP 的成長速度。不過，中國 GDP 成長更快，但指數化投資顯然也不能適用在中國。

既然台灣不一定適合，而且台灣也沒有真正的 TIF，只有像 0050、0056 這種 ETF，所以雖然柏格在書中表明他對 ETF 的深惡痛絕，但國內的投資人被迫只能選擇 ETF 作為一種投資工具。

《約翰柏格投資常識》第 176 頁最後一段，他提醒讀者：「投資這些追蹤整體股票市場的 ETF，絕對沒有問題，前提是避免進行短線交易。」畢竟他領導的 Vanguard 集團，目前也有超過 80 檔的 ETF 在銷售。

上述文字提到的「整體」，是意謂任何一個國家的股市皆然，還是單指美國而言？我認為他在一開始對「指數型基

金」的定義中，已提到「買進美國股市所有的股票」，因此這裡的「整體」應該只限美國，而不及於世界每一個國家。換句話說，他認為美國市場的 ETF 應該避免短線交易，可沒有說「各國股市」都該避免喔！讀者只能就現有的文字來做理解，若做過度解讀，是很危險的。

既然如此，我不會改變我操作 0050、0056 的策略。VT 只是我增加的投資標的，而金額也不大，所以絕對不會排擠到我去買 0050、0056 的資金。

⑤

面對股災

請問樂活大叔：
「大跌大漲，該如何挺過
波瀾萬丈的市場？」

股災造成資產減損後，你還敢碰股票嗎？

每一次股市重挫的時候，看到網路上很多投資人的心情分享，真的可以用「哀鴻遍野」來形容，因為大家的資產都受到大幅的減損。有人因此發誓從此不再碰股票了，但也有人矢言要越挫越勇，更說「在哪裡跌倒，就要在哪裡站起來」。但我認為這 2 種態度都是不對的。

不碰股票之後，還有什麼投資理財的管道可以讓你賺到薪水以外的錢呢？

有人說，傻傻放銀行定存就好了，但 2022 年的現在，定存利率才比 1% 多一點點，怎麼有能力對抗通貨膨脹率？這麼做只會讓你越存越窮。

有人說，買儲蓄險。但必須持有到快到期的前幾年，才

會產生獲利，這會嚴重排擠你的資金運用空間，或是買投資型保單，但這可不一定保證賺錢喔！

有人說，去投資外匯、黃金或債券。這些或許風險比股票低，但賺錢的效率並不高。

應該不會有人說去投資房地產，因為小資男女根本沒有錢可以玩得起。

難道一定要投資理財嗎？當然是絕對必須的，因為現代人都有可能活到 100 歲，卻不確定能工作到什麼時候。你若不及早開始投資理財，如何預先準備失去工作以後沒有固定收入的人生？

請認命吧！股票是小資男女唯一可行的投資工具，只看你如何駕馭它，而不是被它宰割。不過，在每一次股災的震撼教育中，你一定要完全改變股票投資的基本態度，尤其是不可以認為在哪裡跌倒，「就要在『哪裡』站起來」，我認為反而應該是「要在『別的地方』站起來」。

小資族的投資 3 心法

1. 不要再妄想靠股票投資讓自己早日財富自由。

　　大部分投入股市的小資男女，應該都是對未來非常焦慮的，因為不知道何時會失去工作，所以希望儘快累積財富，才能不再對將來感到惶恐。因為追求的是「高報酬」，當然就會伴隨「高風險」，然而小資男女卻是最沒有資格賠錢的族群。舉例來說，如果身價 10 億元的有錢人，虧損 50%，他還剩下 5 億元，應該不會對他的生活有任何影響，但只有 10 萬元的小資男女虧損 50%，就只剩下 5 萬元，或許就必須節衣縮食度日了。

　　2008 年金融海嘯發生時，現在的小資男女當時的年紀可能都還小，沒有深刻的感受。接下來長達 10 幾年的大多頭行情，或許讓大家覺得靠股票賺錢太容易了，或至少沒有太多的損失，以致完全失去了戒心。

　　所幸大家年紀還輕，未來歲月還很漫長，記取這次教訓，不要再犯同樣錯誤，就還是有機會達到財富自由，但請

切記不要再心存「早日」了。

2. 不要再只想賺價差。

股票獲利有 2 個方式，一個是「賺價差」，但它是一種「期望」的獲利，可能賺也可能賠；另一個是「領股息」，它是一種「確定」的獲利，一定會有，只是多寡的問題而已。「一年」要從「股息」賺到 10% 的獲利幾乎不可能，但「一天」要從「價差」賺到 10% 反而有可能，這就是為什麼大家都偏好賺價差了。

不過，我要提醒大家，8、9 成的投資人在股市中是賠錢的，就是因為大家只想賺價差，根本不在乎公司的經營能力，甚至很多人買的股票最後還下市了。

如果你只想從股息賺到一年 5% 的報酬率，其實是一定做得到的，但請記得一定要買的是「每一年都有穩定配息，而且大到不可能倒」的股票。

你或許覺得一年 5% 太慢，但這樣做才穩。在每一波股災中，這種股票的價格當然也會下跌，但就算套牢也不擔心，因為還有固定的股息可領，而且股價跌了，不是正好給

你一個更好的買進機會嗎？

3. 不要再選股。

任何個股都有可能出現突發利空，連台積電都不例外，因此大家都知道投資股票一定要做到風險分散，但小資男女錢不多，怎麼可能買好多檔股票？這時最好的選擇就是去買連結台股的 ETF，一來免去選股的焦慮，二來直接參與市場的成長。

不要對股票失望，也不要對股票存有奢望，你未來的人生才有希望。

「小資族的投資 3 心法……」

1. 不要再妄想靠股票投資讓自己早日財富自由。
2. 不要再只想賺價差。
3. 不要再選股。

投資絕對不是
「是非題」

5-2

　　我最常在臉書粉絲專頁「樂活分享人生」上看到的提問，就是：「現在可以進場嗎？」很多人只想要一個答案：「可以」或是「不可以」。以為什麼功課都不用做，這樣得到答案就夠了。

　　以我最愛分享的 0050、0056 為例，提問的人是以為我說「可以進場」，就代表股價要開始漲了嗎？如果沒有馬上漲，反而套牢了，就有理由可以責怪我。他們可能根本不知道 0050、0056 是什麼商品，以為它們就是會上漲的標的，不然我怎麼可能跟他們說「可以進場」。

　　如果你沒有做好「買 0050、0056，大不了套牢」的心理準備，你根本不可以進場。如果我這樣回答他，沒看過我

的書的人一定就不敢進場了，因為大家都以為專家是不會套牢的。

　　投資如果只是問：「現在可以進場嗎？」就可以做決定的話，不是太簡單了嗎？其他專家可能會這麼回答：「待股價不再破底，就可以進場了。」但他一定還是無法做決定。可是我不會這麼說，而會回答：「投資絕對不是『是非題』。」

你是什麼樣的投資人？

　　投資之前，請先了解你自己，然後問自己 3 個問題：

1. **你是不是完全不能接受股價下跌？只要一跌，心情就焦躁不安，甚至睡不著覺？**如果「是」的話，你還是絕對不要碰股票才好。如果你只敢存定存的話，那就註定越存越窮。下面 2 個問題也無須回答了。
2. **如果買完股票，你是不是就沒有任何現金了？**如果「是」的話，請先存到生活緊急預備金，再來問「現在可以進場

嗎？」如果你沒有足夠的生活緊急預備金，遇到必須用錢，只能變賣股票時，當然就有可能因為股價下跌而造成虧損。你若未婚，我建議至少要準備 3 個月；已婚尚未有小孩，則應該要準備半年到 1 年；已婚有小孩，最好要有 1 年到 2 年的生活緊急預備金。

3. 你的投資屬性是「積極型」「平衡型」還是「保守型」？就算你告訴我答案，我也不敢給你任何建議，我只能提供以下的原則，讓你自己回答「現在可以進場嗎？」

A. **你是積極型的投資人**：你一定希望透過「選股」和「賺價差」，來獲取高額報酬。每一檔個股都有不同的進場時機，所以你必須好好研究它們的基本面和技術面，再來決定何時進場。如此一來，豈能用一句簡單的「現在可以進場嗎？」來涵蓋超過 1700 家的上市、上櫃公司？ 0050、0056 並不適合積極型的投資人。

B. **你是平衡型的投資人**：你雖然想「賺價差」，但萬一賺不到，也希望至少每年還可以「領股息」。這時可以考慮的投資標的必須同時符合 2 個條件，一是幾十

年來每年都有配息，二是公司規模大到不會倒。因為你還是希望賺價差，所以應該再從中找到具有高度成長性的企業，若你真的不知如何選股，0050 這類與台股高度連結的 ETF，就是你可以考慮的標的。什麼時候可以進場呢？大盤日 K<20 的時候，就是可以考慮進場的時機。

C. **你是保守型的投資人**：你只想每年穩定「領股息」，並不期待有價差可賺。這時可以考慮的投資標的，也要同時符合前述的 2 個條件，但要從中找到股息殖利率至少 5% 以上，這樣就算沒有價差可賺，也能保證你每年的報酬率可以打敗通貨膨脹率。若你真的不知如何選股，0056 這類標榜高股息的 ETF，就是你可以考慮的標的。什麼時候可以進場呢？若碰到股市重挫，讓它的股息殖利率超過 6% 以上，就是可以考慮進場的時機。

除了「現在可以進場嗎？」之外，也有很多人愛問我：「老師，你買了嗎？」這也是一個過度簡化的問題，難道我

說「我買了」，你就一定可以買嗎？

　　每個人的財務狀況不一樣、面對風險的態度也肯定不一樣，怎麼可能有一個投資決定能適合所有的人？一個財力雄厚的人可以在股價下跌時持續買進，但一個小資族或許買了一張之後就沒錢了，因此兩者的進場時機怎麼可能會一樣？

　　投資理財當然需要看書、做功課，以及了解自己。若以為只要用簡單問題就能賺到錢，我相信下場反而註定是要賠錢的。

「投資前,請先問自己 3 個問題……」

1. 你是不是完全不能接受股價下跌?
2. 如果買完股票,你是不是就沒有任何現金了?
3. 你的投資屬性是「積極型」「平衡型」還是「保守型」?

5-3

不要妄想早日財富自由

　　最近有一個網友傳訊息給我，提到他這幾年投資的慘痛結果，希望我能給他一些建議。

　　他必須獨自撫養孩子，本來有好幾間房子，為了想要在股市賺錢，所以只留下一間自住，其他都賣掉了，結果碰到2008 年金融海嘯，損失慘重。

　　後來轉去投資海外房地產，結果又血本無歸。他決定賣掉最後一間房子，再戰股市。幾年下來，本來還有獲利，但被營業員慫恿去玩期貨，加上前有新冠肺炎，後有美國聯準會升息造成全球股災，又賠了上百萬元。現在雖有工作，但能拿來投資的資金已經非常有限，問我該怎麼辦？其實，我真的愛莫能助。

我認為這就是一個「妄想早日財富自由」的血淋淋實例。他其實原本的資產狀況是非常好的，甚至很多年輕人應該非常羨慕，如果穩健投資，現在早就財富自由了。或許他要獨自撫養孩子，對未來的焦慮感相對比較大，所以才要非常積極地進行各項投資。

讓我借用他的實例，來為大家剖析他的每一項投資行為。

有能力先買房，不須急著還房貸

首先，**絕不要輕言賣掉房子**。

我有一個年紀稍長我幾歲的好朋友，他在 2007 年時，認為房地產再漲空間有限，就把台北市精華地段的房子賣掉，然後希望靠著他自認為很厲害的股市投資技巧賺更多錢。結果隔年就碰到金融海嘯，不只賠了很多錢，後來連房子都沒了，從此只能靠租房子過老年生活。我認為這就是一個「聰明反被聰明誤」的最好實例。

很多年輕人情願租房，就是以為資金使用更靈活後，就

能在股市賺到更多的錢，其實都是太高估自己的投資能力，又太低估了不知何時會發生股災的風險。

我一向建議，**有能力買房一定要買房，但不要急著還貸款**。只要你有固定的工作與薪資收入，拿一部分資金去買每年股息殖利率都超過 5% 的股票，然後去繳現在 2% 左右的房貸利率，不就是現成的「套利」嗎？

如果時間能倒轉，這位網友可以考慮拿其中一間房子去貸款來投資，照樣能有上述「套利」的效果。自己留下一間自住，其他都可以出租，而這些租金收入應該足夠清償那間抵押給銀行的貸款。用這個方法賺錢，當然很慢，但以他的經濟狀況，加上穩健投資，未來絕對不會變成「下流老人」。

因為他有超過一間的房子，我才建議他拿其中一間去貸款變現。如果你只有一間，就算買 0056 一年有 6% 的股息殖利率，仍不該把房子拿去貸款，因為一旦發生嚴重股災，又不能很快 V 型反彈，你還是會有很大的還款壓力。萬一屆時違約，沒了房子之後，就會和我前面提到的朋友一樣，人生瞬間變黑白。

其次，**別去碰海外房地產。**

如何管理當地的物件，就是一大考驗，這時你勢必要委託他人，這樣的風險當然很大。大家可能認為國內房地產的漲幅有限，所以對海外市場充滿了過多的幻想，但從媒體上披露的案例來看，慘賠居多。

穩穩賺，才能賺久久

最後，要鄭重警告大家，**期貨的風險遠超過你的想像。**前面談到的都是房地產的投資，很多年輕人或許都覺得事不關己，因為它們需要的資金遠高於年輕人的能力。但就是因為年輕人資金有限，所以容易受到期貨或各式衍生性商品「以小搏大」的訴求所吸引，而掉入美麗的陷阱。期貨是零和遊戲，有人賺，就有人賠，別以為你一定會是前者。買股票如果只領股息，就不一定是零和遊戲，大家可以都賺錢。

這位網友一定是後來資金不多，才會去玩期貨，希望更快速地賺回當年賠掉的錢，結果反而把最後的老本都幾乎輸光。

　　這位網友如果未來能在股市翻身，不只把之前賠的錢賺回來，還能再賺好幾個億，肯定會成為媒體熱愛報導的素人投資英雄。能「反敗為勝」的人太少太少了，大家千萬不要以為「別人能，我為什麼不能？」真的不要以為失敗之後，你還能再站得起來。

　　希望大家投資要追求安全、穩健、簡單，慢慢賺、穩穩賺，才能久久賺。請切記，所有投資失敗的人，幾乎都是妄想早日財富自由的人！

樂活大叔這樣說

「投資三不，風險止步！」

● 絕對不要輕言賣掉房子。
● 有能力買房一定要買房，但不要急著還貸款。
● 不要碰海外房地產。

躲過股災的 5 種方法

　　我相信很多人在 2021 年，台股一路狂飆中，應該是有賺到錢。但到了 2022 年，從最高點跌了近 6,000 點，恐怕已經不只回吐之前的獲利，甚至還可能倒賠，成了轉盈為虧。

　　如果你 2021 年在股市中還是賠錢的話，那麼現在肯定賠更多了。

　　大家應該都很懊惱，如果早知道 18,619 點是最高點，就該把股票都賣了，這樣就能躲過股災。但沒有人能夠「早知道」，那該怎麼躲過股災呢？以下，我將提出 5 個方法，供大家在下一次股災來臨時，能事先躲過：

第一、從現在開始，完全退出股市

從來不敢買股票，只敢把錢存在銀行的人，碰到股災，一定非常慶幸，甚至有些幸災樂禍，因為他們相信「不買股票，就不可能賠錢」。

如果你的薪資收入很高，或是做生意、投資房地產賺了大錢，因此絕不擔心自己未來會成為「下流老人」，當然可以完全不碰股票，也就永遠不怕股災來臨。

如果你就是那種「薪資不漲，但物價飛漲」的一般人，卻只敢把錢存銀行，那一定會越存越窮，因為銀行利率永遠追不上通貨膨脹率。這時，請絕對不要用這個方法，因為股票是能幫你累積財富的唯一投資工具。

第二、永遠不要把所有的錢都 all-in 在股市

很多人在股災中之所以會賠掉之前的獲利，或許都是以為自己是股神，然後把所有錢通通在股市 all-in，以為這樣可以賺更多。

即使在股市一路大漲中，也該留下一些資金，讓自己能

夠在萬一下跌的時候，還能掌握機會，有「逢低買進」的實力。

不過，如果你只想賺價差，絕不該在股災中「逢低攤平」，反而應該謹守停損的紀律。我上面說「逢低買進」，只適用於可以長期領股息的股票，因為股災會讓股價下跌，這時買進就可以降低持股成本，然後提高股息殖利率。

第三、把一部分之前的獲利領出來花掉

很多人都相信長期的複利效果，所以會把之前的獲利再投入，但碰到股災就會成為「紙上富貴」。如果 2021 年你的報酬率是 10%，請絕對不要相信自己往後每年都會賺10%，甚至不該期待每年都會賺。

在股市賠錢的速度肯定勝過賺錢的速度，因為一旦賠錢，你的資金就會減少，若還想賺到一樣的金額，你的報酬率就要更高，難度當然也更高。

投資是為了讓自己可以「放心花錢」，不然賺錢有何意義？如果你把 2021 年賺到的錢拿去做買房的頭期款，這些錢就不會在股災中消失不見了。

第四、調整「賺價差」與「領股息」的比重

「賺價差」當然比「領股息」賺得快，但風險也相對比較大，碰到股災時，賠錢的機會當然也更大。

「賺價差」是靠你對那家公司的「想像」。股價一路上漲時，你就會有更大的想像；碰到股災時，你就會發現想像原來如此脆弱。

「領股息」是你「知道」那家公司有穩定配息的紀錄。碰到股災，你才會知道它的價值，然後看到股價下跌，你或許還會內心竊喜，因為股息殖利率越來越高了。

股市一路走高時，應該將賺到的價差獲利了結，然後慢慢增加穩定領息的股票，這樣就可以相對有效地規避股災時所面臨的風險。

第五、努力精進投資技巧，讓自己在股市高點能順利脫身

很多人都相信「在哪裡跌倒，就在哪裡爬起來」，所以認為是自己的投資技巧不行，還要更努力學習，但我卻要澆大家一盆冷水。股市投資絕不是「一分耕耘，就有一分收獲」。沒有任何專家可以成功避開股災，就算他們事後歸納出多少股災開始時的跡象，但一切都是「事後」的分析，沒

有人可以「事先」預測得出來。

　　每一次股災發生的原因都不一樣，以往的經驗對往後其實完全沒有參考價值。每一次的股災都是因為出現完全料想不到的「黑天鵝」，所以怎麼可能事先防範？

　　股災來臨時，如果你資產縮水的幅度和股市跌幅相當，你已經算「人生勝利組」了。**不要妄想透過努力學習可以打敗大盤，或是可以在股災中賺錢，只要你買的是與大盤高度連動，或是有穩定配息的台股 ETF，就可以相對容易安心度過股災。**

　　不可能「躲過」，但求安心「度過」。

⑥

好好樂活

請問樂活大叔：
「存到第 1 桶金後，
怎麼做最聰明？」

6-1

30 歲有 2,000 萬元，
就可以退休嗎？

最近收到一則網友的私訊，提到他剛滿 30 歲，即將有一筆 2,000 萬元入帳，問我是否靠存股領息，就能退休，然後可以開始享受人生了？

一般類似這種希望我幫他做個人理財規劃的私訊，我都不便提供任何建議，但這個案例吸引了我的注意，所以我跟他在網路上進行了一段對話。

一年 90 萬元，夠用嗎？

他的想法是留下 200 萬元，其他的 1,800 萬元都拿去買 0056。只要未來的股息殖利率至少維持 5% 的水準，每年就

可大約領到 90 萬元。看來好像可以退休了！但他可能把問題想得太單純了。

首先，如果他已婚，且有小孩，又因此決定退休不工作，請問一年 90 萬元怎麼夠過日子？更遑論可以「享受人生」了。

就算目前單身，也沒小孩，未來難道就沒有這些打算嗎？如果有，一年 90 萬元肯定是不夠的。

以上屬個人隱私，所以我不宜問他，但我一定要問他的是：「你有買房嗎？有買保險嗎？」

他說什麼保險都沒買。這就是一個很大的風險，因為萬一他發生意外，或是生了重病，醫藥費就會花掉他很多錢，甚至一年 90 萬元還不足以支應醫療費用喔！無論如何，一定會侵蝕掉一些他每年領到的股息。

不過，拿去買醫療險、意外險，甚至長照險，每年繳的保費還不算多，不致影響到他的生活品質。真正關鍵是他是否有自己的房子，而且繳清房貸了？

他說父親把房子留給他和姊姊，所以他認為「有自己的房子」。從這個回答來推測，無論是 2,000 萬元，或是房

子，看來可能是遺產，而且他和姊姊也都未婚。

我就問他：「難道你要和姊姊住一輩子嗎？或是未來姊姊會讓你住一輩子嗎？」

作為遺產的房子，最怕是由繼承人共同持分。他若結婚，難道妻子會願意跟先生的姊姊一起住嗎？或是姊姊結婚了，就算不跟他住，萬一姊姊先往生，姊夫繼承了姊姊的持分，請問還會繼續讓他住在裡面嗎？或許姊夫想處分房子，屆時他還是得去找房子住。這樣一年房租可能就花掉 30 萬元，當然影響生活品質。

賺 5% 股息殖利率，還 2% 銀行利息，倒賺 3%

絕大多數的人都不可能 30 歲就有 2,000 萬元，所以他當然會以為這樣就可以退休，不再工作了。

我給他最直接的建議是：「先去買房子，然後拿 2,000 萬元的一部分作為頭期款。」他跟我說，他住在中南部。我恭喜他，這樣房價好歹比大台北地區便宜一些。

假設他拿 300 萬元作頭期款，應該可以買到 1,500 萬元

的房子，然後辦個 30 年期的房貸。試問這樣做，一年可以領多少股息？付了房貸後，還能剩多少？

他的 2,000 萬元用掉 300 萬元，以及預留的 200 萬元作生活緊急預備金，剩下 1,500 萬元，以每年股息殖利率 5% 來算，一年可領 75 萬元。

房屋總價 1,500 萬元，扣掉頭期款 300 萬元，剩 1,200 萬元分 30 年攤還，等於每年要還 40 萬元，再加利息用年利率 2% 計算，需要 24 萬元，總共 64 萬元（當然爾後每年要還的總價款會遞減）。

股息領 75 萬元，付房貸 64 萬元，一年剩 11 萬元，試問，這樣能退休、開始享受人生嗎？

我跟他分析完之後，他決定還是得好好努力工作。不過，他已經比很多人幸運了，至少在 30 歲就有了 2,000 萬元，因為這樣就有機會買房了。

我還勸他，買房之後，別急著還貸款。他可以用薪水去買 0056，賺一年 5% 的股息殖利率，然後還 2% 的銀行利息，這樣還能倒賺 3% 呢！

他不只幸運，也比很多年輕人務實，因為他的投資策略

是「存股領息」，符合我一向鼓勵大家「慢慢賺、穩穩賺，才能久久賺」的投資理念，而不是希望透過賺價差來快速累積財富。我衷心希望，他未來不要因為股市熱絡，而動搖了他原先的策略。

如果你沒有這位網友的條件，真的別把「提早財富自由」當作目標。務實投資，總有一天能財富自由，因為畢竟大家未來壽命都很長，又何必急於一時呢？

如果你買了足夠支應你未來醫療所須的保險，也有屬於自己的房子，且貸款都已繳清，再加上子女都已教養完成，他們能夠獨立生活之後，還有 2,000 萬元的現金，當然就可以退休了。如果你還年輕，不具備上述條件，2,000 萬元真的絕對不夠你退休！

怎麼存到
第 1 桶金呢？

　　如果你沒有像前一篇那位網友繼承上千萬元遺產的話，你就必須把「賺到第 1 桶金」作為你投資理財希望達成的第一個目標。很多人一定想問：「該怎麼賺到第 1 桶金呢？要多久呢？」

　　一般人對第 1 桶金的定義就是 100 萬元，但我想把「『賺』到第 1 桶金」改成「『存』到第 1 桶金」。為什麼？因為「能從股市賺到多少錢？」是相對不確定的事，所以不該用比較積極的「賺」來思考，而該用比較保守的「存」來面對。

每月 6,000 元，6 年 2 人合存 1 桶金

我的第一個建議非常佛系，就是每個月存 6,000 元，6 年後就能存到第 1 桶金。

我不會建議拿出每個月收入的多少百分比來做為存錢的目標，而是用一個絕對數字 6,000 元。如果你每月收入只有 24,000 元，要每個月存 6,000 元，難度確實很高，那就請你想辦法在下班後，兼差打工增加收入吧！

一個月存 6,000 元，一年就能存 72,000 元，但請不要去銀行存定存，而是要去投資一年至少有 5% 股息殖利率的股票。最簡單的方法就是去證券公司申辦定期定額，一個月扣 6,000 元，這樣長期下來，你的持股成本應該會落在一個相對平均的價位。不知如何選股？那就買強調「高股息」的 ETF，例如 0056。

依上述方法執行後，6 年後就會有超過 50 萬元的「半桶金」了。

為什麼說這個方法很佛系呢？

表格 1 投資一年至少有 5%股息殖利率的股票，一個月定期定額扣 6,000 元，6 年後就有超過 50 萬元的半桶金。

年度	期初餘額	本期存款	本期股息	期末餘額
1	0	72,000	3,600	75,600
2	75,600	72,000	7,380	154,980
3	154,980	72,000	11,349	238,329
4	238,329	72,000	15,516	325,845
5	325,845	72,000	19,892	417,738
6	417,738	72,000	24,487	514,225

1. 因為你 6 年來，每個月都只存 6,000 元，難道不能積極一點，每年增加一些呢？這樣不是就可以「更快」達到目標，或是存到「更多」的錢嗎？

2. 這樣只存到「半桶金」，還有另外半桶在哪裡呢？如果你跟正在交往的男女朋友兩人都有同樣的紀律，不就可以「合力」存到第 1 桶金了嗎？

3. 如果你每個月不只能存 6,000 元，而且可以逐年增加每個月的存款金額，依舊可以在 6 年後存到第 1 桶金，而且是

「獨立」完成喔！如果你跟正在交往的男女朋友 2 人都有同樣的紀律，不就可以一起存到「2 桶金」了嗎？

關於存 1 桶金，還可以更積極

以下就是比較積極的做法。

第一年每個月存 10,000 元，第二年起，每個月比前一年多存 1,000 元，到第 6 年，每個月就能存 15,000 元了，但股息殖利率同樣還是以 5% 來設算。

如果你第一年每個月存 10,000 元，一年就能存 120,000 元，然後第二年起，每年多存 30,000 元，5 年後，就能存到第 1 桶金了。

如果你 24 歲進入職場，6 年後不過 30 歲，拿第 1 桶金再跟父母借一點錢，就可以買到一間 700 ～ 800 萬元的房子，不是嗎？第一間要買「地段好、會增值」的房子確實很難，但要買「買得起」的房子，只要先放棄在台北市買房，其實並不如想像中的難，不是嗎？

如果只要 6 年就能存到第 1 桶金，你是否就願意開始努

| 表格 2 | 以股息殖利率 5% 設算，第一年每個月投入 10,000 元，第二年起每個月比前一年多投入 1,000 元，6 年就有 1 桶金。 |

年度	期初餘額	本期存款	本期股息	期末餘額
1	0	120,000	6,000	126,000
2	126,000	132,000	12,900	270,900
3	270,900	144,000	20,745	435,645
4	435,645	156,000	29,582	621,227
5	621,227	168,000	39,461	828,689
6	828,689	180,000	50,434	1,059,123

| 表格 3 | 若第一年每個月投入 10,000 元，第二年起每年多存 30,000 元，5 年後就能存到第 1 桶金。 |

年度	期初餘額	本期存款	本期股息	期末餘額
1	0	120,000	6,000	126,000
2	126,000	150,000	13,800	289,800
3	289,800	180,000	23,490	493,290
4	493,290	210,000	35,165	738,455
5	738,455	240,000	48,923	1,027,377

力存錢，不再追求無謂的小確幸？

　　如果只要 6 年就能買到房子，你是否就不會太早放棄買房這件事，只想一輩子租房，然後誤以為會有比較好的生活品質，或是誤以為可以把錢拿去投資股票賺更多？

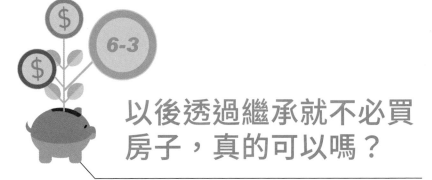

以後透過繼承就不必買
房子，真的可以嗎？

在全球股災造成大家財富嚴重縮水的現在，我終於敢和大家談一談「該不該買房子？」這件事。如果在之前長達11 年的多頭市場時，是不會有年輕人願意好好聽我講的。

每次我建議年輕人該買房的時候，都要面對很多反對的聲浪，其中有 4 個最具體的理由：

1.現在是少子化的時代，未來需求一定會降低，但建商不斷蓋房子，造成供給一直增加，房價當然會跌。

我很難反駁這個理由，但就算我在「辯論比賽」中輸給了大家，但在「真實人生」裡，我有自己的房子，永遠不必面對房東不再續租給我的窘況。萬一房價不像你預期會跌，

仍舊居高不下，你就一輩子都不可能買到房子，只好隨時做好被房東趕出去的心理準備。

2. 買了房子，就要長期背負房貸，會嚴重影響生活品質。

我又很難反駁這個理由，但請記得香港首富李嘉誠講過的這段話：「人不會痛苦一輩子，但總會辛苦一陣子；如果你不想辛苦一陣子，你就會痛苦一輩子。」買了房子當然辛苦，因為生活享受肯定受到很大的限制，甚至還要兼差打工，然後被人笑作「屋奴」，但到了老年，你至少會很安心有一個遮風避雨的所在。

3. 把買房的錢拿來做更靈活的投資，才能賺到更多的錢。

從 2008 年到 2019 年，這個說法也無從反駁，但你真的在大多頭行情中有賺到錢嗎？ 8、9 成的投資人甚至還是虧損的喔！千萬不要高估自己的投資能力。2020 年因新冠肺炎疫情嚴峻，造成全球股市雪崩式的下跌，我相信此時大多數人的資產都嚴重縮水，甚至還可能腰斬，這時候以為投資可以賺更多錢的期望顯然不切實際。你如果拿去買房，至少

不會面臨資產的泡沫。

4. 以後可以繼承父母的房子，現在當然不必買房。

　　這個理由也是振振有詞，但現在因為醫學發達、大家也非常重視保健養生，很多父母都非常長壽，說不定你要等到70歲以後才能繼承到父母的房產。但萬一你在60歲就沒有願意租房給你的房東，必須搬回老家跟父母住，你的另一半會願意嗎？難道你為了要繼承，就希望父母不要長壽嗎？如果你未來還必須與其他兄弟姊妹共同繼承，你真的不要用這個理由自我催眠無須買房了。

▌別太早放棄買房的夢想

　　2019年台股從18,000點以上跌到14,000點以下，很多年輕人就覺得是世界末日了。因為大家都沒有經歷過1990年，也是從12,000點跌下來，然後一年內跌到只剩下2,000多點，那才叫真正的股災。

　　當年幸好我把在股市賺到的錢，拿去買了在台北市區捷

運站附近的房子。我花了 1,000 萬元，買到 36 坪外加停車位的電梯華廈，現在最起碼也值 2,500 萬元。如果我當時把這筆錢持續投資到股市，一年後肯定只剩下 100 萬元，我的人生大概就永遠黑白了。

房地產的保值性當然完勝股票。

你看到上述的每坪房價，一定會說現在怎麼可能買得到？當然買不到，但總價還是買得到新北市的老公寓。不要羨慕我們當年房價比現在低，因為未來絕不可能回到過去的房價；但你該慶幸，現在貸款成數高達 8 成，利率大約 2%，遠比我們當年的負擔輕多了，因為我在 1989 年只能貸到 5 成，利率更高達 10% 以上。

當年我和太太一個月合計薪水只有 6 萬多元，在繳款期間還生了 3 個小孩，我們只好努力工作，然後下班再拚命兼差，現在才能擁有屬於自己的房子。如果你退休後，還要每個月付房租，投資必須獲利的壓力，就會遠遠大於現在擁有房子的我。

以大台北地區為例，只要沒有電梯、沒有停車位，再加上附近沒有捷運站，甚至還要搭台鐵區間車才能轉乘捷運

（如樹林、汐科），房價就應該相對負擔得起。

買了之後，不必像我當年一樣急著還貸款，而是把錢拿來買每年股息殖利率都至少有 5%，而且絕不可能因公司倒閉而下市的股票。因為貸款利率大約 2%，你卻能從投資上確定賺到 5%，不就是零風險的套利嗎？

既能擁有自己的房子，又有現成的投資獲利，你為什麼要太早放棄買房的夢想呢？

「年輕人不買房的 4 大迷思……」

1. 未來少子化時代需求降低，供給卻增加，房價就一定會跌？
2. 買了房子就要長期背負房貸，會嚴重影響生活品質，但你確定到了老年，有房東會租屋給你嗎？
3. 把買房的錢拿來做更靈活的投資，才能賺到更多的錢，但真的賺得到嗎？
4. 以後可以繼承父母的房子，現在當然不必買房，但父母非常長壽，怎麼辦？

股票是「想像」的，但房子是「確定」的

　　到底股票賺得多，還是房地產賺得多？這是很多投資達人愛討論的主題，也是大多數人很關心的問題。

　　就數學模型來看，投資達人都是支持「股票賺得多」。曾有人說「只要每年的股票投資報酬率 7%，10 年股票資產就會翻一倍，但房地產很難 10 年翻一倍。」他的計算沒有錯，而且結論也沒有錯，但問題是 7% 的假設是否成立？

　　從 2020 年股災最低點 8,523 點，台股一路漲到 2022 年最高點 18,619 點，近 2 年的漲幅合計高達 118%，用簡單算數平均法，一年可賺將近 60%。上述假設 7% 的投資報酬率，實在太容易達成了。

　　如果從 2008 年金融海嘯低點 3,955 點，算到 2022 年最

高點 18,619 點，13 年的漲幅為 370%，用簡單算數平均法，一年可賺將近 30%。上述假設 7% 的投資報酬率，也是輕而易舉就能達成。

因為以上的計算是「大盤」的漲幅，並不是每一檔「個股」都能達成，所以真的要賺到大盤的全部漲幅，唯有買 0050 才能辦到。現實的困難是，有幾個人真的只買 0050 呢？我相信就算你有買 0050，也長期持有，但很難不買一些個股吧？一旦買了個股，就有可能因為虧損，而侵蝕掉 0050 的報酬率。

其次，以上的計算是「過去」的漲幅，不代表「未來」也會有同樣的漲幅。未來台股絕不排除有向下回檔的可能，0050 當然也會同步虧損，因此就不可能還有 7% 的股票投資報酬率了。此時，若要維持 7% 的目標，勢必要買個股才有可能達成，但請捫心自問，自己真的有能力買到逆勢上漲的股票嗎？

最後，以上的計算是「理論」的漲幅，不是你個人「實際」的漲幅。如果股票投資真的這麼容易，還有誰要去辛苦上班呢？又怎麼可能 8、9 成的投資人都是賠錢的呢？

一定有人股票賺得比較多，但你「確定」自己是那個人嗎？如果你只是「希望」自己是那個人的話，就不該相信自己一定可以「股票賺的多」。

買間房自住，不是賺「漲幅」，而是賺「安心」

我雖不認同「股票賺得多」，但同樣也不支持「房地產賺得多」，因為這2個都不該成為絕對的答案。有人股票賺得比較多，但也有人房地產賺得比較多。

我真正的主張是「股票是『想像』的，但房子是『確定』的」。但大家千萬別誤會，我並不是說房子是確定「會賺錢」的，而是說房子是確定「存在」的。

股價下跌，帳面就會虧損，所以很多人就抱著「不賣就不賠」的鴕鳥心態，結果套牢多年，甚至還可能因為股票下市而資產歸零。

房價下跌，帳面當然也會虧損，但除非遇到火災或地震，不然它永遠都會存在，不會消失變成零。

股價上漲，立刻賣掉就能賺錢；但房價上漲，一來變現

時間很長，二來不賣就不會賺。這個看法完全正確，但我想問的是「為什麼要賣房子呢？」

如果這間房子是你買來自住，賣掉不就沒地方住了？或是賣掉後，可能要花更多的錢去再買一間。

絕大多數人買的第一間房子，應該都是拿來「自住」的，不是拿來「投資賺錢」的。只要是自住，房價漲跌就與你完全無關，也不必拿來和股票投資做報酬率的比較了。

想要維持目前高生活品質的人，就會不斷洗腦自己不該買房，只要租房就好，然後把錢拿去投資，因為他們一定相信「股票賺得多」，但萬一股票是虧損的，又豈能享有原先的生活品質呢？

願意買房的人，也請不要相信「房地產賺得多」，因為或許你一生只買得起一間房子，所以根本不會賣，當然也就根本不會賺。

買一間自己住的房子，賺到的不是「漲幅」，而是「安心」。前者可以用金錢來衡量，但後者是無價的。

買房支出是「確定」的，但股票買進是靠「想像」的。

有必要用債券來
平衡股票的風險嗎？

　　很多投資理財的書都會建議大家，要對抗股票價格波動的風險，應該要配置一些債券的部位，讓低風險的債券來平衡高風險的股票。不過，2022 年以來美國聯準會不斷大幅度升息，卻讓這個理論遭到嚴峻的考驗。

　　債券因為有政府或企業的擔保，所以風險等級確實比股票要低，但報酬率就不會高。它的報酬率比定存利率略高，但幅度有限。以往如果你持有債券，遇到股災時，你會慶幸至少還是有債息可領，多少彌補一些股票的虧損。

　　前幾年各國拚命降息，導致債券利率也同步往下修正。但股市大漲，大家當然就不會在乎債券賺得少了。然而，當美國大幅升息，造成債券被大量拋售，導致價格大跌，發生

以往少見的「股債雙殺」。不只是持有的股票賠錢，連持有的債券也同樣虧損，根本無法用債券來對抗股票的風險。

「股債平衡」的觀念，或許在未來的投資市場已經不再被人信賴。那麼，該怎麼對抗股市的風險呢？我認為其實別把自己搞得那麼複雜，**就用那句老話「投資一定要用閒錢」來因應就好了。首先，千萬不要借錢來買股票。其次，留下生活緊急預備金，以免必須認賠股票來變現過生活。**

你若未婚，我建議保留 3 個月的生活緊急預備金就夠了；你若已婚，但還沒小孩，就保留半年到 1 年的生活緊急預備金；你若已婚，且有小孩，那至少要留下 1 年到 2 年的錢不要投入股市。

當然，你手上的股票如果是每年都穩定配息，公司又大到不可能倒閉，碰到股災真的也無須避險；如果你買的都是投機性很強的小型股，規避股災只好「認賠停損」。

若能嚴格執行以上紀律，真的不用買債券了，因為現階段它不能降低風險，甚至還可能增加風險。

一般人不容易買到國內的政府或公營事業債券，只好購買海外債券基金來建立債券部位。之前台幣大幅升值時，你

的債券利息很容易就被匯差侵蝕掉，甚至反而是倒賠的。

　　為了增加債券收益，很多人對「高收益債基金」趨之若鶩。但這些公司的經營能力和還款能力因為不被投資人所信賴，才必須用較高的債券利率來吸引大家認購，試問這樣的風險難道不高嗎？

┃怎麼分配資產，影響差很大

　　剛剛和大家談「要不要持有債券的部位？」其實就是在談「資產配置」。你買了股票之後，還應該將錢投資在哪些地方呢？希望藉此一來可增加收益，二來可降低風險。

　　我認為一定要配置的其他理財工具是：房地產、保險和存款。不過，這 3 項工具都不是拿來賺錢的。

　　房子是拿來自住的，因為只有房子是「確定」的。即使房價下跌，你還擁有住的權利，所以你的資產就沒有縮水，但其他投資在價格下跌時，你必須接受它的虧損。

　　保險是拿來對抗不可預知的風險，而不是靠「儲蓄險」或「投資型保單」來賺只比定存利率多一點點的獲利。萬一

你生病或出意外，卻沒有買相對應的保險，屆時沉重的負擔一定會把你的生活壓垮。

存款，當然是必要的，但請把前述的生活緊急預備金拿去銀行存定存，其他就放在活存，隨時可以進場買股票。萬一要動用錢去支應生活，解約定存頂多損失利息而已。你若是解約儲蓄險，是會賠錢的喔！

其他理財工具還包括黃金、外匯、期貨和虛擬貨幣。前2項並非絕對必要，後2項則絕不建議。

黃金只能賺「價差」，沒有任何「利息」可領，而且只有在發生戰爭時才會大漲。最近大漲是因為俄烏戰爭，但如果是發生在台灣呢？你會期待黃金賺錢而發生戰爭嗎？

外匯是資金部位大的有錢人玩的遊戲。你可以在台幣升值時換點美元、日圓，或歐元，以備未來出國玩。你若錢不多，還想拿來賺匯差，真的太辛苦了！

資產配置的主要目的是在「降低風險」，所以怎麼可以配置會大幅增加風險的期貨和虛擬貨幣呢？

最後，我建議配置的時間順序是存錢、保險、股票，最後是則房地產，其他都並非絕對必要。

財富＝工作＋房地產＋股票

　　幾乎所有的投資達人（其實只是股票達人）都在塑造一種形象，就是大家只要用他的方法，再也無須辛苦工作，只靠股票就能致富。不只如此，還建議大家別買房子，把錢拿來買股票，可以賺更多。甚至還鼓勵大家可以把房子拿去銀行貸款，增加股票投資的資金。

　　我認為「財富」絕對不等於「股票」，而應該要由 3 個部分來組成：

財富＝工作＋房地產＋股票

　　除了富二代和田僑仔之外，我身邊絕大部分的有錢人，幾乎都是靠前 2 項就能累積到足以讓全家生活無憂的財富。大家環顧自己身邊的人，是不是也是如此呢？真的只靠第 3

項「股票」致富的人，恐怕都只出現在媒體的報導中。

很多年輕人為何如此熱衷學習股票投資？又為何相信股票是唯一可以讓自己早日財富自由的捷徑？因為大多數人都不相信自己會被公司加薪、升職，或是會被其他公司高薪挖角。我認為在職場奮鬥，怎麼可以有這種投降主義？你的同事一定有人被加薪、升職、挖角，既然他們能，你為什麼不能？

很多人不相信自己的工作能力，直接放棄追求工作表現。消極者，下班耍廢；積極者，下班去研究股票。後者還有救，但我希望你該加強的是工作技能，而不是想靠股票翻身。

加強工作技能，一定有正面的效果；學習股票投資，就一定會賺錢嗎？「一分耕耘，一分收獲」這句話適用於前者，不適用於後者。

工作薪水頂多不漲，除非你的績效太差，才可能被減薪或解雇，不然「工作」這一項一定是正數。但「股票」不一定，它可能從「加號」變「減號」，反而讓你賠掉辛辛苦苦賺來的薪水。

越是求快，越是失衡的財富方程式

我身邊有些有錢人，是完全不買股票的，他們情願放在銀行存定存，因為光靠前 2 項，一輩子都花不完了，又何必冒險呢？就算有買股票的人，他有前 2 項的保護，他的風險承受能力當然也比你我都大很多。

他們一定都有屬於自己的房子，甚至還好幾間，也不求租金投報率，只求保值，過了 5 年、10 年就會增值，報酬率至少都是正數，不像股票常常是負數。

我自己有 3 間房，1 間自住，2 間作為我和太太未來如果老年生了重病，可以賣掉變現，成為長期照護的費用。千萬別認為變賣股票也可以具備同樣的效果，因為萬一要用錢時，必須賠錢賣，怎麼辦？就保值性來說，台北市的房子應該遠優於股票吧？

我絕不鼓勵年輕人買超過自己負擔能力的房子，甚至不該買第 2 間，所以為了避免老年發生長照的龐大資金需求，請趁年輕時要趕快投保長照險。

因為絕大多數的人很難在工作上領到高薪，也不可能買

好幾間房子,所以當然必須加上第 3 項:「股票」。我也不例外。幸好我靠以往的「工作」,累積了一些資金才能投資「股票」;也幸好擁有自住的「房地產」,才能在股票下跌時,不至於有雙重焦慮。

我比較擔心的是,很多年輕人的「工作」收入一直無法增加,然後也沒有「房地產」,就只冀望「股票」來累積財富,甚至還去借錢投資,屆時財富的公式可能會變成:

財富 = 工作 + 0 房地產 - 股票 - 債務

最後,或許可能變成負數,那就離財富自由越來越遠,甚至遙不可及了。

「股票」這一項的前面,務必不能變成減號。誠如巴菲特所說的那 2 條投資金律:「第一、絕對不要賠錢,第二、絕對不要忘記第一點」。

什麼樣的股票絕對不會讓前面變成減號呢?任何股票「短期」都有可能變減號,但有一些股票「長期」幾乎不可能變減號。

哪些股票可以呢？就是我在書上、文章中講過 N 遍，必須同時符合的 2 個條件：「幾十年來每年都有穩定配息，公司大到不會倒。」

　　不過，這樣還不夠，另外一定要留下生活緊急預備金，讓你在急需用錢時，不必賠錢賣股票。

　　每一個人都希望財富自由，但真的不要追求太早達到，因為工作和房地產絕無速成的可能。為了提早達成，只能奢望股票，但要小心欲速則不達。最安穩的做法是努力工作、先求有房，然後用穩健投資，來加速財富的累積。

附 錄

表格 1　每個月都投入 3,000 元買 0056，10 年後股息就有 9.9 萬元，20 年之後就有 37.8 萬元。

	每年投入金額	累計投入金額	每年可領股利	累計可領股利
第 1 年	36,000	36,000	1,800	1,800
第 2 年	36,000	72,000	3,600	5,400
第 3 年	36,000	108,000	5,400	10,800
第 4 年	36,000	144,000	7,200	18,000
第 5 年	36,000	180,000	9,000	27,000
第 6 年	36,000	216,000	10,800	37,800
第 7 年	36,000	252,000	12,600	50,400
第 8 年	36,000	288,000	14,400	64,800
第 9 年	36,000	324,000	16,200	81,000
第 10 年	36,000	360,000	18,000	99,000
第 11 年	36,000	396,000	19,800	118,800
第 12 年	36,000	432,000	21,600	140,400
第 13 年	36,000	468,000	23,400	163,800
第 14 年	36,000	504,000	25,200	189,000
第 15 年	36,000	540,000	27,000	216,000
第 16 年	36,000	576,000	28,800	244,800
第 17 年	36,000	612,000	30,600	275,400
第 18 年	36,000	648,000	32,400	307,800
第 19 年	36,000	684,000	34,200	342,000
第 20 年	36,000	720,000	36,000	378,000

表格 2　10 年來買的 0056 值 36 萬元，加股息 9.9 萬元，就有 45.9 萬元，若算到 20 年，本金加股息就有 109.8 萬元。

	累計投入金額	累計可領股利	合計
第 10 年	360,000	99,000	459,000
第 20 年	720,000	378,000	1,098,000

如果用複利計算，以 1.5 元股息計算股息殖利率為 5%，則 10 年後的本金加股息是 47.5 萬元，20 年後則將近 125 萬元。

	每年投入金額	累計投入金額	每年可領股利	年底總資產
第 1 年	36,000	36,000	1,800	37,800
第 2 年	36,000	73,800	3,690	77,490
第 3 年	36,000	113,490	5,675	119,165
第 4 年	36,000	155,165	7,758	162,923
第 5 年	36,000	198,923	9,946	208,869
第 6 年	36,000	244,869	12,243	257,112
第 7 年	36,000	293,112	14,656	307,768
第 8 年	36,000	343,768	17,188	360,956
第 9 年	36,000	396,956	19,848	416,804
第 10 年	36,000	452,804	22,640	475,444
第 11 年	36,000	511,444	25,572	537,017
第 12 年	36,000	573,017	28,651	601,667
第 13 年	36,000	637,667	31,883	669,551
第 14 年	36,000	705,551	35,278	740,828
第 15 年	36,000	776,828	38,841	815,670
第 16 年	36,000	851,670	42,583	894,253
第 17 年	36,000	930,253	46,513	976,766
第 18 年	36,000	1,012,766	50,638	1,063,404
第 19 年	36,000	1,099,404	54,970	1,154,374
第 20 年	36,000	1,190,374	59,519	1,249,893

| 表格 4 | 假設能從第 2 年起，每個月可以多存 1,000 元，則 10 年後的本金加股息是 112 萬元，20 年後則高達 459 萬元。 |

	每年投入金額	累計投入金額	每年可領股利	年底總資產
第 1 年	36,000	36,000	1,800	37,800
第 2 年	48,000	85,800	4,290	90,090
第 3 年	60,000	150,090	7,505	157,595
第 4 年	72,000	229,595	11,480	241,074
第 5 年	84,000	325,074	16,254	341,328
第 6 年	96,000	437,328	21,866	459,194
第 7 年	108,000	567,194	28,360	595,554
第 8 年	120,000	715,554	35,778	751,332
第 9 年	132,000	883,332	44,167	927,498
第 10 年	144,000	1,071,498	53,575	1,125,073
第 11 年	156,000	1,281,073	64,054	1,345,127
第 12 年	168,000	1,513,127	75,656	1,588,783
第 13 年	180,000	1,768,783	88,439	1,857,222
第 14 年	192,000	2,049,222	102,461	2,151,684
第 15 年	204,000	2,355,684	117,784	2,473,468
第 16 年	216,000	2,689,468	134,473	2,823,941
第 17 年	240,000	3,063,941	153,197	3,217,138
第 18 年	252,000	3,469,138	173,457	3,642,595
第 19 年	264,000	3,906,595	195,330	4,101,925
第 20 年	276,000	4,377,925	218,896	4,596,821

國家圖書館出版品預行編目 (CIP) 資料

小資向錢衝！：樂活大叔的投資問答室，6 步驟穩
　穩賺，賺久久！/ 施昇輝著. -- 初版. -- 臺北市：
　今周刊出版社股份有限公司, 2023.01
　216 面 ;14.8X21 公分. -- (投資贏家 ; 68)
　ISBN 978-626-7014-85-1(平裝)

1.CST: 個人理財　2.CST: 投資

563.53　　　　　　　　　　　　111017734

投資贏家 68

小資向錢衝！
樂活大叔的投資問答室，6步驟穩穩賺，賺久久！

作　　　者	施昇輝
內文插畫	工作日誌
主　　編	蔡緯蓉
總 編 輯	許訓彰
封面設計	林木木
內文排版	簡單瑛設

行銷經理	胡弘一
企畫主任	朱安棋
行銷企畫	林律涵、林苡蓁
印　　務	詹夏深

發 行 人	梁永煌
社　　長	謝春滿

出 版 者	今周刊出版社股份有限公司
地　　址	台北市南京東路一段96號8樓
電　　話	886-2-2581-6196
傳　　真	886-2-2531-6438
讀者專線	886-2-2581-6196轉1
劃撥帳號	19865054
戶　　名	今周刊出版社股份有限公司
網　　址	http://www.businesstoday.com.tw

總 經 銷	大和書報股份有限公司
製版印刷	緯峰印刷股份有限公司
初版一刷	2023年1月
定　　價	360 元

Investment

Investment